拉巴平措　著

藏式健身宝卷

藏族传统健身法集成

中国藏学出版社

序

藏族传统的健身方法是悠久而灿烂的传统文化宝库中极具魅力的瑰宝，它可以使人们强身健体、预防疾病、延年益寿。说它可以强身健体，是由于它对所有人而言是一种非常实用而简单易行的锻炼身体的方法，不受锻炼者的年龄限制，不受锻炼场所的影响，也不受运动或锻炼器械的束缚，谁做了谁受益，坚持锻炼，必有好处；说其能预防疾病是在未患病之前加以预防，患病之后在求医看病的同时，增强体质，提高治病的能力。随着社会物质水平的提高，人们对健康的要求越来越高。藏族传统的健身方法，可以提供人们一种延年益寿的秘诀和方法。

这里收集整理的十三种健身方法，以先易后难、由浅入深、循序渐进的原则排列，是藏族传统的排列方法。藏族传统健身方法，有所谓“闻、思、修”三步之说，闻是听讲、思是思考、修是修炼即实际锻炼。有“身、语、意”三个方面的训练要求，即锻炼身体、锤炼心态、训练语言。还有“脉、风、明点”三个方面的修炼内容，脉的修炼就是打通经脉，使脉络畅通；风的修炼就是通过气息的正确调动，使气息运用自如，毫无障碍；明点的修炼就是通过体内的吐故纳新，做到去粗取精，使营养成分发挥最大的效益。要达到这样的效果，就必须按身体的实际状况，既不能操之过急，企图跨越式修炼；也不能只停留在初级阶段的初级形式，要不断提高，以取得更好的效果。关于它们的顺序，由于传承系统的不同，前后次序和内容也有相当大的差异。有的名称相同或相似，内容却有很大区别；有的虽然名称不同，但其基本内容大同小异；有的内容在不同传承之间繁简情形也有较大的区别，所以也不能一概而论。

具体来说，本书收集的健身方法中，分为五部分，其中萨迦传承的文章较齐全，所以先后顺序也就比较明了：第一，“摩达那擦身法”，也就是预备式擦身法。第二，简易健身操，也就是“五肢运动”。第三，“复杂健身操”，也就是二十节复杂练身法。第四，“七种运气法”，也就是气功锻炼法。第五，“脐火观想法”，也就是冥想静坐法。第六，“三十二节瑜伽功”，也就是全身运动三十二节。其次是布敦传承的文章有两篇，第一篇是“部位调治法”，同萨迦传承的预备式基本相同，不过布敦是从按摩疗法角度阐述的。第二篇是“五根本风注重法”，实际上只强调全身的运动问题，没有触及运气的有关内容，同萨迦传承的五肢运动基本相似。再就是一篇瑜伽师赤美维色的文章“二十节练身法”，内容同萨迦传承的复杂健身操类似，只是强调了这些运动对于各种疾病的治疗作用。第四部分收集了噶举传承的三篇文章，这些文章都是玛尔巴的原作。第一篇是“六根本运动”；第二篇是“脐火运动十八节”，第三篇是“二十一节幻轮功”。最后一部分比较特殊，叫作“观想明‘阿’中的偏差纠正方法”，是一本绘有藏族传统健身方法图例的手抄本小册子。

迄今为止，研究藏医藏药、藏族体育、藏密等的论著不少，但是直接研究或介绍藏族健身方法和养生之道的文章或著作凤毛麟角。其实，在藏族传统文化特别是在藏密修炼中有关防病治病、健身强体、养生保健、延年益寿的理论和方法很多，但人们对它的了解却很少。就是在《藏汉大辞典》和《东噶藏学大辞典》这样权威性的工具书中，连练身（ལུས་སྦྱོང）这个词都找不到，更不用说与藏族健身养生直接有关的许多词语了；还比如《藏汉大辞典》中，也没有收录摩达那（མ་ད་ན）、幻轮（འཕྲུལ་འཁོར）等词语。这是由多种原因造成的：一是藏族传统的健身方法多被宗教的神秘色彩所掩盖，特别是同藏传佛教中的密宗紧密相联，从而令人望而却步，不敢轻易接近它；二是我们的学者也担心接触或研究有关内容，触犯了宗教的仪轨和戒律，从而不敢涉及健身方法及其理论；三是学习、掌握健身方法需要具备广泛的知识，如历史学、宗教学、医学等，以及人体学、解剖学、养生学、保健学等专门知识。而且由于传统健身法特有的用语和表述方式，如果不专门学习，许多内容就难以理解、难以掌握，靠工具书也难以解决问题；四是健身方法是需要实践的，光说不练就成了“天桥的把式”。即便把健身方法的书籍读得滚瓜烂熟，实际操练时也不一定能做得到。所以，它要求有人具体指导。在实际生活中，会操练而又有资格指导的人大都是宗教界人士，而他们又囿于有关的戒律而不能轻易向他人宣讲，这就造成了藏族传统健身方法的封闭性和神秘性。

我将本书描述为藏族传统健身方法的第一次系统汇总、第一次全面解读、第一次汉文翻译、第一次图例展示。所谓第一次系统汇总，是说藏族先贤们将有关健身方法整理成文字，形成了多种书面文献，而这些文献却分散在不同的文集或著作里。近年来，有些藏族学者将这些著作从分散的文集或著作中抄录出来，并且印刷出版。在此基础上，我把其中的健身方法集中起来，按照循序渐进的原则和不同传承进行分类，使之系统化，从而形成了这本“宝卷”。

说第一次全面解读，正如前面所说，健身方法涉及许多方面的知识，而过去又把它视为神秘而不可轻易示人的内容，所以几乎每篇文章的文字或晦涩难懂、令人费解，或高度概括、缺少阐释，或用语过于专业化，一般人难以理解。例如，像“练身”这样一个非常通俗的极为重要的一个词，《汉藏大辞典》却没有收录，“漏掉”了；又如，当中的许多梵文词汇，直接使用是为了隐蔽其内容的，比如“摩达那”指的是古代在进行按摩时使用的酒或水，但《藏汉大词典》中没有收录；还有许多词汇或用语是传授人的习惯用语或方言土语。故而，在实际学习和研究这些健身方法时，首先遇到的困难是如何理解这些文章，然后才能谈得上具体操练。所以，我把这些文章一字一句地加以分析和解读，目的首先是让人理解，其次才是学习和使用。

而所说第一次汉文翻译，是因为不少文章虽然早已分别出版发行，但都没有进行任何翻译，所以除了懂藏语文的读者外，其他人就无法阅读、使用这些文章。我在这里把每一篇文章都译成了汉文，译文尽量做到准确可靠、通俗易懂，并且把许多词语进一步通俗化，如把“涂擦”一词译成“按摩”；把“幻轮功”翻译成“运动”；把“调身”翻译成“练身”或“锻炼身体”，等等。当然，由于时间关系，也由于自己在这方面的知识有限，译文不够准确、表述不够精炼的地方在所难免，衷心希望读者批评和指教。但是，这项工作对于人们了解藏族传统文化中的这一重要领域，不能不说具有开拓性的意义。

第一次图例展示，是说为本书的一些篇章配了图，为的是更清楚地说明该健身方法的内容，以便人们更直观地学习。这不是我的创造，而是藏族健身方法的重要传统。为了传播或传承某种健身方法，藏族先贤首先使用文字加以记录整理，除了编制口诀或“秘诀”等容易背诵的文字外，还要用教材的形式把要点一一解释清楚；有了文字的材料还不够，导师或上师要亲自进行指导和帮助；为了讲解更加清晰，也为了传给后人，还用画图的形式，进行形象化的、直观的传授。我之所以在本书中将手抄本小册子收录进来，就是为了说明这一点。玛尔巴的几个健身方法，本来也有图例，只是把图例和文字分割开了；同时，我也看到有的藏传佛教界人士在国外也用图例的方式进行教学，如岗坚活佛就是这样做的。所以，本书按照传统的方法不仅把已经有的图例配到相应的位置上，以求发挥图例应有的作用；同时在常用的部分健身方法中，根据我的理解和实践经验，配置了相应的图例，以说明该健身方法的具体做法和要求。

总之，对于大多数人而言，藏族传统健身方法是一个崭新的学习和研究领域，也是一个很有研究和实用价值的学科。特别是在人们越来越关注健康、关注生命、关注生态与环境的今天，我的这些努力想必能够给读者提供一些值得借鉴和学习的途径。全民健身，利国利民，功在当代，利在千秋。党的十九大报告提出：“实施健康中国战略。人民的健康是民族昌盛和国家富强的重要标志。”愿藏族传统的健身方法也能在各族人民全民健身、提高国民素质的伟大事业中焕发光彩。

2018 年再版修订

目　录

1

藏族传统健身方法中的保健按摩

——预备式擦身法

这里介绍的预备式擦身法[①]，在藏族传统健身方法中是最初级、最一般的方法。《藏汉大辞典》在注解 བྱུག་པའི་བཅོས་ཀ 一词时说：“涂擦疗法。藏医治疗皮肤疮的方法，分油涂和药膏涂法两种。”在藏族民间普遍流行擦身法。具体做法是油涂法、擦身法和日光浴同时进行，无论有病还是没有病，对婴幼儿和老年人更是常用的保健方法。既可以用菜油，也可以用酥油。在藏语中，这一词无疑是擦油或涂抹某种液体的意思，但它已经成为对人体进行按摩或推拿的专用词，而绝不仅限于擦擦油、涂涂液体的意思。藏族传统的健身方法可以说是五彩缤纷，而擦身法则是所有健身方法的先行[②]。萨迦·索南坚赞[③]说:“这一切（健身操等）的共同先行方法是摩达那。”夏尔喇嘛·贡噶班典[④]在介绍简易操和复杂操时说：“此二者的先行是摩达那擦身法。”所以，在进行健身活动时，首先要练此法，它是一

① 预备式擦身法，藏文为 སྔོན་འགྲོའི་མ་ད་ནའི་བྱུག་པ།。

② སྔོན་འགྲོ，即第一步、起首。

③ 萨迦·索南坚赞（ས་སྐྱ་བ་བསོད་ནམས་རྒྱལ་མཚན）所著《依靠脉风运动修炼深道菩提之次第即刻诵》（རྩ་རླུང་འཁྲུལ་འཁོར་ལ་བརྟེན་ནས་ཟབ་ལམ་བྱང་ཆུབ་སྒྲུབ་པའི་རིམ་པ་བསྒྲགས་ཆོག་མ）见民族出版社 1991 年 5 月版《藏密气功典籍选编》116 页。索南坚赞（1312 ~ 1375 年）是萨迦派大学者，从小拜诸多著名学者和高僧为师，学习文化知识和显密宗知识，特别是萨迦祖传全部教法，成为萨迦派著名学者，被誉为“法王”。

④ 夏尔喇嘛·贡噶班典（ཤར་བླ་མ་ཀུན་དགའ་དཔལ་ལྡན）所著《详述练身和运动的实践方法——脐火乐温自生》（ལུས་སྦྱོང་དང་འཁྲུལ་འཁོར་གྱི་ལག་ལེན་གསལ་བར་བཀོད་པ་གཏུམ་མོའི་བདེ་དྲོད་རང་འབར）见民族出版社 1991 年 5 月版《藏密气功典籍选编》154 页。夏尔喇嘛·贡噶班典在藏密理论和修炼方法方面论著颇多，且叙述全面详细、通俗易懂，我在本书许多地方以他的叙述为依据。关于其生平资料，目前尚未找到，但夏尔喇嘛在该书的“跋”中说：“吉祥毗鲁巴的殊胜教法，传授给萨迦巴父子的大法道果等诸教诫中，宣示练身运动实践方法的这篇《脐火乐温自生》一文，是在向真正的教友嘉木央氏喇嘛进行指导过程中形成的。过去关于运动方法有三种不同的实践形式，当今没有间断的只有持咒大师的传承。而这一传承在康区，一个上师传承的教法也有所分别。其中，我以训诫和指导都齐全，但经验和法力的传承没有间断的大成就者阿旺仁钦和殊胜导师释利氏所传作为主要依据。进行教授实践时，他（嘉木央）说：

切功法的预备功。这里的摩达那[5]是梵文译音。我的导师东噶·洛桑赤列教授[6]在讲解时告诉我，这（词）是青稞酒的意思，摩达那擦身法就是用青稞酒擦身。萨迦班智达[7]在介绍密宗使用的暗语时指出："摩达那即青稞酒。"但是我所见到的有关这一健身法的介绍文章中，没有一个人说到要使用青稞酒或别的沐浴液或按摩膏进行健身。此法也称为手浴法[8]，即用手干洗身子。所谓手浴是从复杂健身操的第一节中引申出来的。这一节的名称是："如手浴"，其功法同摩达那擦身法基本相同。做这个健身方法有什么好处呢？夏尔喇嘛·贡噶班典说："脉道狭窄、僵硬、干枯、多结等金刚身有毛病的人，如果直接做健身操，有可能发生脉管断裂的危险。所以，为了防止这种情况的发生，为了使正式的健身操没有障碍地、顺利地进行，首先要做摩达那擦身法。"[9]就是说，做了这一健身按摩，可以预防和治疗

【接上页脚注④】对文中不太清楚的地方稍加修改，整理成文字，今后在某些研修高僧的场合需要（传授）此法时，做到十分的清楚和明了。贫僧接受这一要求，在自己的僧舍南卓阳孜夏，对原文稍加修饰编纂了这篇文章。愿它成为你我等所有人不脱离大密深奥的成熟解脱之道，追逐最终成就——虹身幻身的因缘。"另有后记写道："这篇夏尔喇嘛·贡噶班典所著的文章中，没有记入念诵文。罗德旺布调整了开头的礼赞诗句和经文名，增加了念诵文。"

⑤ 摩达那（མ་ད་ན），梵文译音，即青稞酒的意思。

⑥ 东噶·洛桑赤列（དུང་དཀར་བློ་བཟང་འཕྲིན་ལས། 1927 ~ 1997 年）教授原系林芝地区东噶寺活佛，从小在色拉寺学经，获拉然巴格西学位，1960 年被中央民族学院聘请为教员，后聘任为教授，曾为我国藏学事业培养了不少人才，在藏学研究方面成果显著，最具代表性的著作有《论西藏的政教合一制度》、《东噶藏学大辞典》等。作者作为西藏民主改革后的中央民族学院第一批藏文研究班学员，得到东噶先生的直接培养和教育，后来长期受到先生的指导和帮助，一直到先生过早地离开我们。

⑦ 萨迦班智达·贡噶坚赞（1182 ~ 1251 年），萨迦派第四祖，被尊为"班智达"，简称"萨班"。关于密宗用语问题见《萨班全集》第三集。

⑧ 手浴法（ལག་བཀྲུ）。所谓手浴是从复杂健身操的第一节中引申出来的。这一节的名称是"如手浴"，其功法同摩达那擦身法基本相同。

⑨ 夏尔喇嘛·贡噶班典在《详述练身和运动的实践方法——脐火乐温自生》（ལུས་སྦྱོང་དང་འཁྲུལ་འཁོར་གྱི་ལག་ལེན་གསལ་བར་བཀོད་པ་གཏུམ་མོའི་བདེ་དྲོད་རང་འབར）一文中对这一修炼方法做了详细的介绍。

血管硬化、堵塞和脑血栓、脑供血不足等疾病，可以预防脉管、骨节、皮肤、神经等病症，可以促进血液循环、增强免疫力，防治各种疾病，强壮体魄。我认为这一健身方法的作用和好处，用不着进行深入的论证和研究，只要身体力行，做几次就会有体会。关于摩达那擦身法的具体作法或练法，萨迦·索南坚赞介绍说：双脚金刚盘腿，双手直向前方伸直，搓至掌心发热，然后用双掌对双目、面部、手臂、脚心、腿部等进行推拿，使全身所有部位发热。[⑩] 夏尔喇嘛·贡噶班典在《详述练身和运动的实践方法——脐火乐温自生》一书中对这一健身方法做了详细的介绍，下面的介绍文字就是根据他的叙述编辑和翻译的。在介绍复杂健身操的第一节“如同手浴”时，索南坚赞和夏尔喇嘛也都做了简要介绍。布敦·仁钦珠在《六支加行运动法》[⑪] 中，也介绍了锻炼身体各部位的24节方法，第一条就是“如手浴”，并注释为“擦遍全身”，也是同一个意思。玛尔巴 [⑫] 在《二十一节运动法》中也有同样的介绍。

⑩ 见萨迦·索南坚赞所著《依靠脉风运动修炼深道菩提之次第即刻诵》（རྩ་རླུང་འཕྲུལ་འཁོར་ལ་བརྟེན་ནས་ཟབ་ལམ་བྱང་ཆུབ་སྒྲུབ་པའི་རིམ་པ་བཀླགས་ཆོག་མ）。

⑪ 布敦·仁钦珠（བུ་སྟོན་རིན་ཆེན་གྲུབ）在《六支加行运动法》（སྦྱོར་བ་ཡན་ལག་དྲུག་གི་འཕྲུལ་འཁོར）中，介绍了身体各部位的24节锻炼方法（གནས་ཀྱི་སྦྱངས་པ་ཉི་ཤུ་བཞི）。布敦·仁钦珠（1290 ~ 1364年）意为“宝成”，精通五明，修学兼优，为昔日西藏佛教、翻译界的一代名师，著名史学家，被誉为“一切知”。为夏鲁派（也称布敦派）祖师。

⑫ 玛尔巴（མར་པ། 1012 ~ 1097年），藏传佛教噶举派达波噶举支派始祖。公元1012年出生在山南洛扎地区，本名却吉罗追，意译“法慧”。在他的《三十九节分支运动》（ཡན་ལག་འཕྲུལ་འཁོར་སོ་དགུ）中除去脐火十八法，剩下的二十一节运动之第1节“沐浴胜幢”（རྒྱལ་མཚན་འཁྲུད་པ），就是按摩全身的意思。

起式[13]

双脚金刚盘腿，双手交叉置于胸前，徐徐呼气。

一、预备动作

第一节

功法介绍

双腿金刚跏趺坐，双手掌心向下，捂住双膝，腹部由右向左扭动，又由左向右扭动，再由右向左扭动。共三次。

功法图解

图 1—1

双腿左内右外盘腿坐，双手掌心向下，捂住双膝，腹部由右向左扭动，又由左向右扭动，再由右向左扭动，共三次，如图 1—1。

[13] 关于起式和收式，在预备功介绍文章中没有专门叙述，但在复杂健身操的手浴和其他运动的有关叙述中，都有起式和收式。为了完整起见，我在这里一并做了翻译和介绍。整个预备功没有呼吸方面的要求，所以，也就不需要特别予以关注。

第二节

功法介绍

在盘腿不动、双手不离双膝的情形下，抬右膝、抬左膝，又抬右膝。共三次。

功法图解

图 1—2

图 1—3

在盘腿不动、双手不离双膝的情形下，抬右膝、抬左膝，又抬右膝。共三次，如图 1—2、图 1—3。

第三节

功法介绍

双腿盘坐，双手握拳，交叉放置心窝；手指向外，双手甩向前方，伸展手掌，两掌并排，逐渐放低，触到前方坐垫，慢慢缩回，从盘腿处渐次推拿至心窝；在心窝处手掌相碰时，两手握拳分离，双肘撞击肋间，这是一次；双手又甩向前方。如此共进行三次。

功法图解

图 1—4

双腿盘坐，双手握拳，交叉放置心窝；手指向外，双手甩向前方，伸展手掌，两掌并排，逐渐放低，触到前方坐垫，如图 1—4。

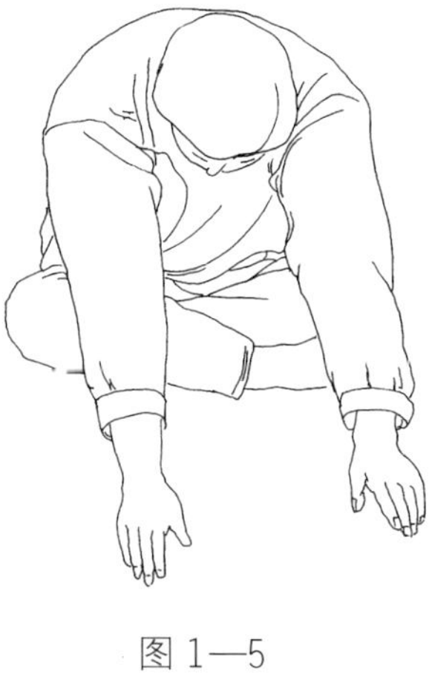

图 1—5

图 1—6

慢慢缩回，从盘腿处渐次推拿至心窝，如图 1—5、图 1—6。

图 1—7

图 1—8

在心窝处手掌相碰时，两手握拳分离，双肘撞击肋间，这是一次；双手又甩向前方。如此共进行三次，如图 1—7、图 1—8。

二、头部按摩

第一节

功法介绍

双手猛烈拍掌，掌心相对，搓至发热；尔后，用两掌心分别对双眼眼部进行按摩，由里向外旋转。共三次。

功法图解

图 1—9

图 1—10

双手猛烈拍掌，掌心相对，搓至发热，如图 1—9、图 1—10。

图 1—11

图 1—12

用两掌心分别对双眼眼部进行按摩，由里向外旋转。共三次，如图 1—11、图 1—12。

第二节

功法介绍

从发际处开始，按摩面部，由内向外按摩三次。

功法图解

图 1—13

图 1—14

从发际处开始，按摩面部，由内向外按摩三次，如图 1—13、图 1—14。

第三节

功法介绍

右手掌指尖向左放在前额，左手掌指尖向右放在后脑勺，前后左右轮番按摩。共三次。

功法图解

图 1—15

图 1—16

右手掌指尖向左放在前额，左手掌指尖向右放在后脑勺，前后左右轮番按摩。共三次，如图 1—15、图 1—16。

三、手臂按摩

功法介绍

右拳放在心窝处，右拳垂直伸向右耳上空，左手掌捂住肩关节，从外沿推拿至指尖，再从内侧用力推拿至腋窝之下。共三次。左手反之，动作相同。

功法图解

图 1—17

图 1—18

图 1—19

图 1—20

右拳在心窝，如图 1—17；右拳垂直伸向右耳上空，如图 1—18；左手掌扣住肩关节，如图 1—19；从外沿推拿至手指尖，如图 1—20。

图 1—21

图 1—22

图 1—23

图 1—24

再从内侧用力推拿至腋窝底下，如图 1—21。共三次。左手反之，动作相同，如图 1—22、图 1—23、图 1—24。

四、胸前按摩

功法介绍

左手掌指尖向上，放置右锁骨下、乳房上方处，其上用右手掌捂住，从右肋间使劲推拿至阴部；在此，左右手掌上下换位，逐渐推拿至左肋间和锁骨。如此从右到左，从左到右，共按摩三次。

功法图解

图 1—25

图 1—26

图 1—27

图 1—28

左手掌指尖向上，放置右锁骨下、乳房上方处，其上用右手掌捂住，从右肋间使劲推拿至阴部，如图 1—25、图 1—26、图 1—27、图 1—28。

图 1—29

图 1—30

图 1—31

在此，左右手掌上下换位，逐渐推拿至左肋间和锁骨。如此从右到左，从左到右，共按摩三次，如图 1—29、图 1—30、图 1—31。

五、上身按摩

功法介绍

右手握拳，手指向内，放于心窝处；左手握拳，手背向内，放置背部；前后两拳，同步向下刮之；两拳前后换位，同步刮下，共三次；双拳并拢，同时从心窝处，刮至阴部，共三次（我在此处增加了一个动作[14]）。

功法图解

图 1—32

图 1—33

图 1—34

图 1—35

⑭ 在做完胸前按摩的最后一个动作后，接着双手握拳，拳背放置背后肾区处，同时向下推拿。共三次。

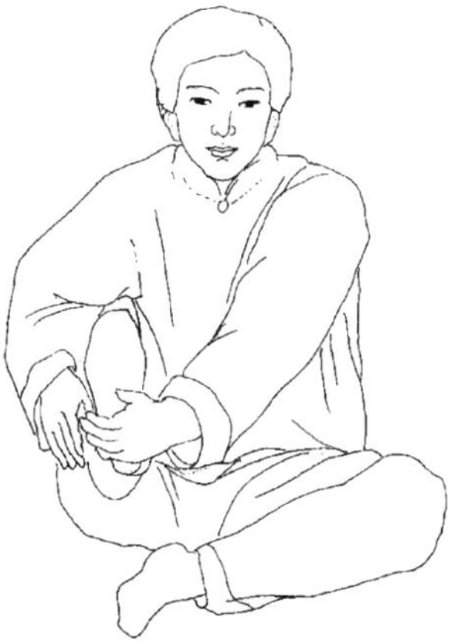
图 1—42

图 1—43

在腿部不弯曲的前提下，右手抓后跟，左手抓脚趾，使劲拉之，如图 1—42、图 1—43。

图 1—44

图 1—45

图 1—46

图 1—47

图 1—48

图 1—49

图 1—50

图 1—51

然后从腿部内侧，推拿至大腿根部，如此进行三次；对左腿动作相同，如图 1—44、图 1—45、图 1—46、图 1—47、图 1—48、图 1—49、图 1—50、图 1—51。

功法介绍

接上节动作，两手如雄鹰展翅，向两翼伸展，然后猛然收回，两拳从双膝弯曲处交叉，往上拉三次。

功法图解

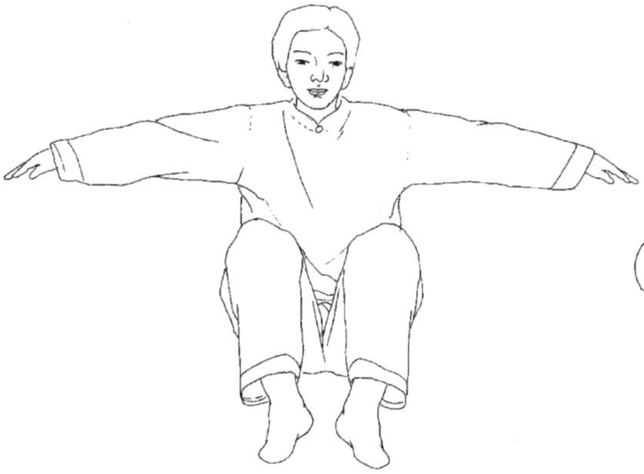

图 1—52

图 1—53

图 1—54

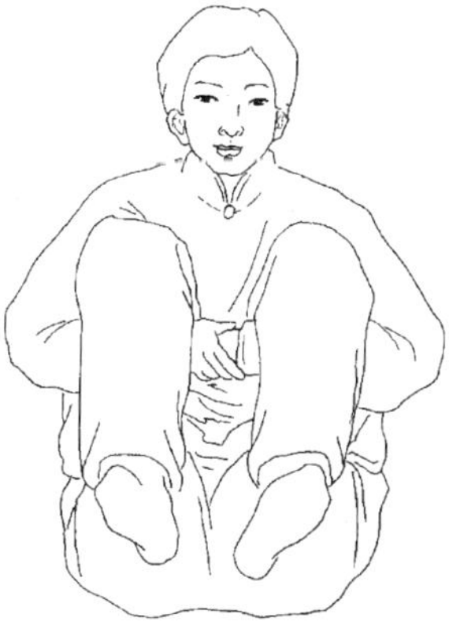

图 1—55

接上节动作，两手如雄鹰展翅，向两翼伸展，然后猛然收回，两拳从双膝下交叉，往上拉三次，如图 1—52、图 1—53、图 1—54、图 1—55。

功法介绍

接上节动作，双脚半盘腿（一伸一曲），右手肘勾住右膝，往上猛拉，脚跟击地，共三次；左边相同。

功法图解

图 1—56

图 1—57

图 1—58

图 1—59

接上节动作，双脚半盘腿（一伸一曲），右手肘勾住右膝，往上猛拉，脚跟击地，共三次；左边相同，如图 1—56、图 1—57、图 1—58、图 1—59。

收式

功法介绍

与开始时相同，盘腿而坐，双手从心窝交叉处徐徐解开。

功法图解

图 1—60

图 1—61

与开始时相同，盘腿而坐，双手在心窝交叉处徐徐解开，如图 1—60、图 1—61。

附：预备式功法简表

序号	藏文名称	汉文译名	异名	备注
1		起式		坐式
2	ལྟོ་བ་གཡས་གཡོན་འཕྲུལ།	扭动腹部		坐式
3	པུས་མོ་གཡས་གཡོན་བཏེགས།	抬膝盖		坐式
4	ཐལ་མོ་སྟན་ལ་རེག	双手触地		坐式
5	ཐལ་མོ་གཉིས་ཀྱིས་མིག་ལ་བྱུག་པ་གསུམ།	眼部按摩		坐式
6	སྐྲ་མཚམས་ནས་གདོང་ལ་བྱུག་པ་གསུམ།	面部按摩		坐式
7	ཐལ་མོ་གཉིས་ཀྱིས་དཔྲལ་ལྟག་ལ་བྱུག་པ་གསུམ།	头部按摩		坐式
8	ལག་ངར་གཡས་གཡོན་ལ་བྱུག་པ་གསུམ།	手臂按摩		坐式
9	ལག་གཉིས་མཉམ་དུ་བྲང་ལ་བཤུད་པ་གསུམ།	胸前按摩		坐式
10	ལག་གཉིས་རྒྱབ་མདུན་དུས་གཅིག་ཏུ་བཞར་བ་གསུམ།	上身按摩		坐式
11	ལག་གཉིས་ཀྱིས་རྐང་པ་གཡས་གཡོན་བཤུད་པ་གསུམ།	腿部按摩		坐式
12	ལག་གཉིས་སྒྲིད་ཁུག་ནས་ཁུ་ཚུར་བསྒོལ་བས་འཛིན་པ་གསུམ།	膝盖运动		坐式
13	ལག་པ་གཉིས་རེས་མོས་ཀྱིས་པུས་མོ་ནས་འཛིན་པ་གསུམ།	单膝运动		坐式
14		收式		坐式

2

藏族传统保健方法中的简易健身操

——五肢运动①

藏族传统保健方法有三练之说，那就是练身、练语、练心，也就是锻炼身体、训练语言和锤炼心态。练身就是要通过锻炼身体，达到祛病防病、强身健体之目的，使之无病无碍、脉络畅通、气血顺畅。学习和实践藏族传统的练身方法或健身方法，有什么意义和功效呢？布敦·仁钦珠说："将调身的健身操写在这里，为了利己利人。"② 布敦大师把编写健身操的文章或书籍，当作利己利民、功德无量的善举。萨迦法王索南坚赞则把调身作为祛除病魔、强健体魄、延年益寿、获得果位的根本途径。他说，为了使人们依靠气息运动的深奥通道解开脉络的结，首先消除病魔之障碍，最终逐步越过界道获得大金刚持的果位。要想证悟这一通道，需要修身炼体，做健身操。练身也有简易健身操和复杂健身操之分。简易健身操是五肢运动，复杂健身操是二十节练身操。③ 夏尔喇嘛引用大师的话说，通过简易或复杂健身操，修身练体。④ 萨迦·芒推洛珠说，通过简易健身操或复杂健身操修身练体，其操炼的标准是：不劳累而无病痛，舒坦而轻松。还说，吉尊仁布切说首先要长期修炼身体，这很重要。⑤ 瑜伽师赤美维色说，练身可以防止病魔的危害。⑥

关于如何进行简易健身操或五肢运动的问题。夏尔喇嘛·贡噶班典说，

① 五肢运动（ཡན་ལག་ལྔའི་སྦྱོར་བ）即头部、双臂、双腿的运动。
② 布敦·仁钦珠的《六支加行运动》（སྦྱོར་བ་ཡན་ལག་དྲུག་གི་འཁྲུལ་འཁོར）见民族出版社 1991 年 5 月版《藏密气功典籍选编》195 页。
③ 萨迦法王索南坚赞的话，见民族出版社于 1991 年 5 月出版的《藏密气功典籍选编》116—117 页。
④ 夏尔喇嘛·贡噶班典的话，见民族出版社于 1991 年 5 月出版的《藏密气功典籍选编》158—159 页。
⑤ 萨迦·芒推洛珠的话，见民族出版社于 1991 年 5 月出版的《藏密气功典籍选编》262—263 页。
⑥ 瑜伽师赤美维色的话，见民族出版社于 1991 年 5 月出版的《藏密气功典籍选编》335 页。

简易练身操就是头颈扭而动，双手各自招，双脚猛摇摆，即为五肢运动。⑦萨迦·索南坚赞所说与夏尔喇嘛所说完全一样。⑧萨迦·芒推洛珠说："首先要锤炼身语意，其中第一位的练身即……"，所说也与夏尔喇嘛完全相同。⑨

关于健身操和其他运动的区别问题。夏尔喇嘛说，练身的方法对一些高智商的人而言，可能成为运动；但对初学者而言，（练身的方法）是今后进行其他运动的预备功。⑩练身时，只要闭住上气就可以了，不必在呼吸方式、运气方法上过多考虑。

在藏文原文里以萨迦法王索南坚赞所撰文章为主要依据，同时参考了夏尔喇嘛等的文章。文中的异同情况在注释中加以说明。

此法分头部四节、手臂四节、腿部四节（共十二节）。

一、头部四节

起式

功法介绍

双腿金刚盘腿，双手握金刚拳，相互交叉，手指向内，挤于心窝处，

⑦ 夏尔喇嘛贡噶班典的话，见民族出版社于 1991 年 5 月出版的《藏密气功典籍选编》159 页。
⑧ 萨迦·索南坚赞的话，见民族出版社于 1991 年 5 月出版的《藏密气功典籍选编》117 页。
⑨ 萨迦·芒推洛珠的话，见民族出版社于 1991 年 5 月出版的《藏密气功典籍选编》262—263 页。
⑩ 夏尔喇嘛·贡噶班典的话，见民族出版社于 1991 年 5 月出版的《藏密气功典籍选编》158—159 页。

左鼻孔呼气一次，右鼻孔呼气一次，左右一起呼气一次，然后徐徐吸气，只守上气。

功法图解

图 2—1

双脚金刚盘腿，双手握金刚拳，相互交叉，手指向内，挤于心窝处，左鼻孔呼气一次，右鼻孔呼气一次，左右一起呼气一次，然后徐徐吸气，只守上气，如图 2—1。

第一节

功法介绍

头部转动，耳朵触肩，向右三次，向左三次。

功法图解

图 2—2

图 2—3

头部转动，耳朵触肩，向右三次，向左三次，如图 2—2、图 2—3。

第二节

功法介绍

头部后仰，立刻向前，下巴击胸。三次。

功法图解

图 2—4

图 2—5

头部后仰，立刻向前，下巴击胸。三次，如图 2—4、图 2—5。

第三节

功法介绍

头部转动，撞击左右肩各三次。

功法图解

图 2—6

图 2—7

头部转动，撞击左右肩各三次，如图 2—6、图 2—7。

第四节

功法介绍

双目瞪大，从左至右，从右至左，又从左至右直视三次。

功法图解

图 2—8

双目瞪大，从左至右，从右至左，又从左至右直视三次，如图 2—8。

收式

功法介绍

若守气有困难，可徐徐呼气。

功法图解

图 2—9

图 2—10

若守气有困难，可徐徐呼气，如图 2—9、图 2—10。

二、手臂四节

起式

功法介绍

双腿金刚盘坐，双手握金刚拳，相互交叉，放于心窝处，呼出一次残气后守气。

功法图解

图 2—11

双脚金刚盘坐，双手握金刚拳，相互交叉，放于心窝处，呼出一次残气后守气，如图 2—11。

第一节

功法介绍

右手向着头颅自右盘绕，向右甩动三次；左手向头颅自左盘绕，向左甩动三次。

功法图解

图 2—12

图 2—13

右手向着头颅自右盘绕，向右甩动共三次；左手向头颅自左盘绕，向左甩动三次，如图 2—12、图 2—13。

第二节

功法介绍

双手从脑背后左右各自盘绕，左右甩动各三次。

功法图解

图 2—14

双手从脑背后左右各自盘绕，左右甩动各三次，如图 2—14。

第三节

功法介绍

双手握拳，甩向前方，在肩头下，同时击打，同时伸出。共三次。

功法图解

图 2—15

图 2—16

双手握拳，甩向前方，在肩头下，同时击打，同时伸出。共三次，如图 2—15、图 2—16。

第四节

功法介绍

双拳交叉，从肩上推拿至心窝，从心窝各自向外伸直，用拳背在锁骨下方处击打。共三次。

功法图解

图 2—17

图 2—18

双拳交叉，从肩上推拿至心窝，从心窝各自向前伸直，用拳背在锁骨下方处击打。共三次，如图 2—17、图 2—18。

收式

若守气有困难，可徐徐呼出。

三、腿部四节

（此节以夏尔喇嘛的叙述为依据）

起式

功法介绍

双腿金刚盘坐，双手握金刚拳，相互交叉，放于心窝处，呼出一次残气后守气。

功法图解

图 2—19

双脚金刚盘坐，双手握金刚拳，相互交叉，放于心窝处，呼出一次残气后守气，如图 2—19。

第一节

功法介绍

解开盘腿，蹬地站立，右腿后跟，直踢臀部，向前甩动，三次；左腿后跟，直踢臀部，向后甩动，三次。

功法图解

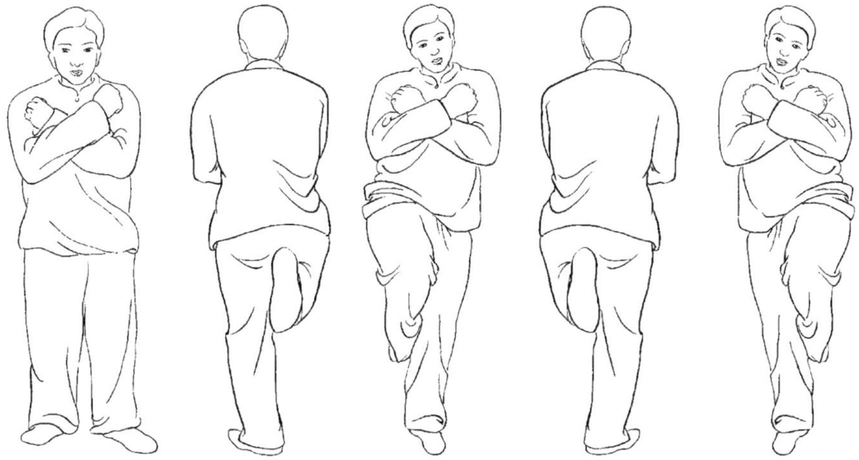

图 2—20　图 2—21　图 2—22　图 2—23　图 2—24

解开盘腿，蹬地站立，右腿后跟，直踢臀部，向前甩动，三次；左腿后跟，直踢臀部，向后甩动，三次，如图 2—20、图 2—21、图 2—22、图 2—23、图 2—24。

第二节

功法介绍

同样，左右前后换位（右腿踢臀部左侧，左腿踢臀部右侧）。各三次。

功法图解

图 2—25　　图 2—26　　图 2—27　　图 2—28

左右前后换位（右腿踢臀部左侧，左腿踢臀部右侧）。各三次，图 2—25、图 2—26、图 2—27、图 2—28。

第三节

功法介绍

右脚从左腿踝骨推拿至大腿窝处，并向右转动三次；左脚从右腿踝骨推拿至大腿窝处，并向左转动三次。

功法图解

图 2—29

图 2—30

图 2—31

图 2—32

右脚从左腿踝骨推拿至大腿窝处，并向右转动三次；左脚从右腿踝骨推拿至大腿窝处，并向左转动三次，如图 2—29、图 2—30、图 2—31、图 2—32。

第四节

功法介绍

右脚后跟推拿左脚脚背一次，并从左膝上部向左转动三次；又用左脚后跟推拿右脚脚背一次，并从右膝上部向右转动三次。

功法图解

图 2—33　图 2—34　图 2—35　图 2—36　图 2—37

右脚后跟推拿左脚脚背一次，并从左膝上部向左转动三次；又用左脚后跟推拿右脚脚背一次，并从右膝上部向右转动三次，如图 2—33、图 2—34、图 2—35、图 2—36、图 2—37。

收式

最后，金刚盘腿，双手交叉，放于心窝处，猛然呼气。所有这些只闭上气，不用守瓶式气。

附：简易健身操表

序号	藏文名称	汉文译名	异名	备注
1	མགོ་བོའི་བཞི།	头部四节		坐式
1-1	གཡས་གཡོན་དུ་བསྐོར་བ་གསུམ།	头部向左右转动		
1-2	ལྟག་པ་དཔྲེ་ཞིང་ཀོས་ཀོ་བྲང་ལ་བརྫེབ་པ་གསུམ།	头部向前后摆动		
1-3	དཔུང་མགོ་གཡས་གཡོན་དུ་བརྫེབ་པ་གསུམ།	头部撞击左右肩膀		
1-4	མིག་འབྲུར་ཚུགས་གཡས་གཡོན་བསྐོར་ཞིང་དྲང་པོར་བལྟ་བ་གསུམ།	眼睛瞪大并左右转动		
2	ལག་པའི་བཞི།	手臂四节		坐式
2-1	ལག་པ་རེས་མོས་ཀྱིས་མགོ་ལ་བསྐོར་བ་གསུམ་རེ།	单拳盘旋头部		
2-2	ལག་པ་གཉིས་ཀས་མགོ་ལ་བསྐོར་བ་གསུམ།	双拳盘旋头部		
2-3	ཁུ་ཚུར་གཉིས་དུས་གཅིག་ཏུ་དཔུང་མགོའི་འོག་ཏུ་བརྡུན་པ་གསུམ།	双拳击肩		
2-4	ཁུ་ཚུར་ཕྲག་གོང་ནས་བཤུད་ཅིང་སྒྲོག་རུས་འོག་ཏུ་རྒྱབ་བརྡུན་པ་གསུམ།	双手交叉击锁骨		
3	རྐང་པའི་བཞི།	腿部四节		立式
3-1	རྐང་པ་རེས་མོས་ཀྱིས་འཕོངས་ལ་བརྫེག་པ་གསུམ་རེ།	单踢臀部		
3-2	རྐང་པ་གཡས་གཡོན་མདུན་རྒྱབ་གོ་ལྡོག་པ་གསུམ་རེ།	左右换位踢臀		
3-3	རྐང་པ་རེས་མོས་ལོང་བུ་ནས་བརྙ་ཁུག་བར་བཤུད་དེ་སྒྲུག་པ་གསུམ་རེ།	左右脚从髁骨推拿至大腿并转动		
3-4	རྟིང་པས་བོལ་གོང་ནས་བསྐོར་ཏེ་པུས་མོ་སྒྲུག་པ་གསུམ་རེ།	左右后跟按摩脚背并至膝盖转动		立式
		收式		

3

藏族传统保健方法中的复杂健身操

——二十节复杂练身法[1]

在介绍简易健身操时，已经谈到了藏族传统健身方法对于增强体质、防病治病、永葆青春、延年益寿的重要意义。本篇着重介绍复杂健身操即二十节复杂练身法。顾名思义，复杂健身操是相对于简易健身操而言，二十节练身法是对于这一功法的具体内容而言，是在预备式擦身法和简易健身操基础上的更为复杂的健身方法。其中包括了擦身法的全部，也包括了五肢运动的不少内容，如头部运动、手臂运动和腿部运动。这一健身操在许多藏文文献中都有详细记述，这里主要依据的是夏尔喇嘛·贡噶班典②、萨迦·索南坚赞③、布敦·仁钦珠④三位学者的论述，特别是萨迦·索南坚赞的论述。这一健身方法的每一节均由口诀、起式、练法、收式四部分组成。它的口诀是：一节如同手浴，二节反手挤胸，三节抓手压腿，四节交手扭身，五节摩拳弯弓，六节伸拳击胸，七节双拳碎石，八节双肘后挤，九节盘腿倒山，十节两臂挺身，十一挽手拉腿，十二双拳伸展，十三拳击后背，十四手臂如虎，十五伸臂后仰，十六两手相交、推拿小腿，

---

① 二十节复杂练身法（ལུས་སྦྱོང་རྒྱས་པ་ཉི་ཤུ）见民族出版社 1991 年 5 月版《藏密气功典籍选编》（གསང་ཆེན་ཐབས་ལམ་ཉེར་མཁོ་རྣལ་འབྱོར་སྙིང་ནོར）。

② 详见夏尔喇嘛·贡噶班典所著《详述练身法和幻轮功的功法——拙火乐温自生》（ལུས་སྦྱོང་དང་འཕྲུལ་འཁོར་གྱི་ལག་ལེན་གསལ་བར་བཀོད་པ་གཏུམ་མོའི་བདེ་དྲོད་རང་འབར），载民族出版社 1991 年 5 月版《藏密气功典籍选编》161—168 页。

③ 详见萨迦·索南坚赞所著《依靠脉风幻轮修炼深道菩提之次第即刻诵》（རྩ་རླུང་འཕྲུལ་འཁོར་ལ་བརྟེན་ནས་ཟབ་ལམ་བྱང་ཆུབ་སྒྲུབ་པའི་རིམ་པ་བཀླགས་ཆོག་མ），载民族出版社 1991 年 5 月版《藏密气功典籍选编》119—127 页。索南坚赞是萨迦派大学者，1312 年生于后藏夏鲁寺，从小拜许多著名学者和高僧为师，学习文化知识和显密宗知识，特别是萨迦祖传全部教法。17 岁，受戒出家，法名索南坚赞。20 岁，受比丘戒。在 26 岁之前，依止上师多人，广学显密经典及教法，成为萨迦派一位有名望的大学者。他擅长讲辩著，成绩斐然。索南坚赞足迹遍及卫藏各地，给广大僧俗讲授显密诸经典，大转法轮。曾和许多大学者立宗辩论，辩无对手，受到藏传佛教界的广泛赞誉，被誉为“法王”。其代表著作有《西藏王统世系明鉴》（又译《西藏王统记》）、《道果教法史》等。藏历第六绕迥之木兔年（1375 年）六月二十五日逝世。

④ 布敦·仁钦珠（བུ་སྟོན་རིན་ཆེན་གྲུབ）在《六支加行幻轮法》中，介绍了身体各部位的 24 节锻炼方法。

十七后跟踢臀，十八膝盖相压、上下搓动，十九阴部上引，二十左右踢臀。⑤ 口诀还说，在锻炼过程中“每节做三次，共计六十节。”意思是说：有顺、反、混三种做法，即第一次按原顺序做；第二次从二十节开始倒过来做；第三次从十节、十一节，九、十二节，八、十三节，一直到一和二十节，错开顺序进行。下面逐一介绍。

第一节　如同手浴

起式

金刚盘腿，双拳交叉置于心窝，呼出残气，守气（以下到十一节相同）。

功法图解

图 3—1

⑤ 关于练法，藏文原文说 རེ་རེ་ལ་ཡང་གསུམ་གསུམ་སྟེ། དྲུག་ཅུ་དག་ཏུ་ཤེས་པར་བྱ，即每节做三次，共计六十节。有顺、反、混三种做法，即第一次按原顺序做；第二次从二十节开始倒过来做；第三次从十节、十一节，九、十二节，八、十三节，一直到一和二十节，错开顺序进行。

金刚盘腿，双拳交叉置于心窝，呼出残气，守气，如图 3—1。

功法介绍

双手伸向前方，拍掌，掌心相对，使劲相搓（而后右手放在前额，手指向左，左手放在脑后，手指向右，并从右搓至左，前额处向上，按摩脖子，从下巴处向上按摩脸、左右手、左右脚等，像摩达拿一样按摩一遍），并将头部、脖子、面部、膝盖、两胫骨、脚掌等搓一遍。

功法图解

（见本书第一部分“藏族传统健身方法中的保健按摩”）

收式

金刚盘腿，双拳交叉置于心窝，尽力向外呼气（以下到十节相同）。

第二节　反手挤胸

起式

金刚盘腿，双拳交叉置于心窝，呼出残气，守气。

功法介绍

双手金刚相交，掌心向内放在心窝处，双肘夹紧双肋，而后两掌向外，伸直前方，又转内夹紧胸前。如此三遍。

功法图解

图 3—2

图 3—3

双手手指相交，掌心向内放在心窝处，双肘夹紧双肋；而后两掌向外，伸直前方，又转内夹紧胸前。如此三遍，如图 3—2、图 3—3。

收式

金刚盘腿，双拳交叉置于心窝，尽力向外呼气。

第三节　抓手压腿

起式

金刚盘腿，双拳交叉置于心窝，呼出残气，守气。

功法介绍

左手金刚拳直立放在右脚大腿中间稍外沿处，上面用右手掌心捂住，向右转动三次；同样，左边相反（只是转动方向改为向左转动）进行。

功法图解

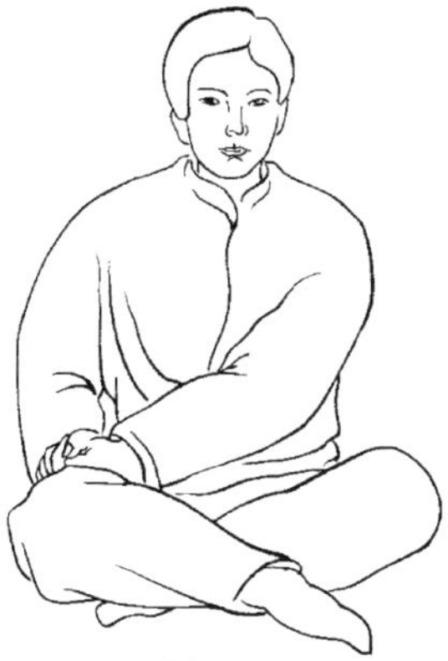

图 3—4

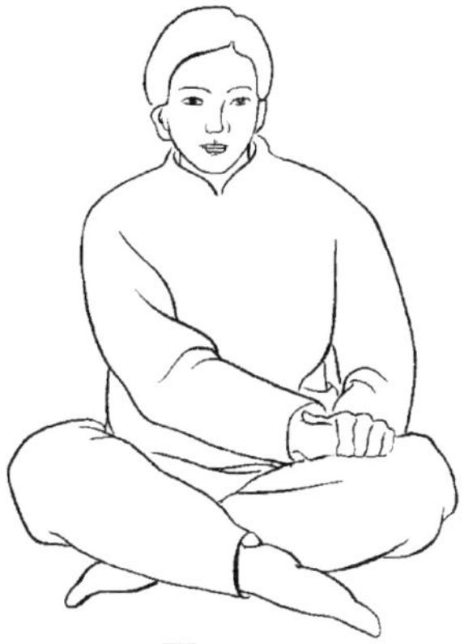

图 3—5

左手握拳直立放在右脚大腿中间稍外沿处，上面用右手掌心捂住，向右转动三次；同样，左边相反（只是转动方向改为向左转动）进行，如图 3—4、图 3—5。

收式

金刚盘腿，双拳交叉置于心窝，尽力向外呼气。

第四节　交手扭身

起式

金刚盘腿，双拳交叉置于心窝，呼出残气，守气。

功法介绍

解开金刚盘腿，双脚踩地而起，右脚膝盖置于左脚膝弯处，左手握住右手腕部，右胳膊肘放入左肘之中，右手掌自右向左按摩面部三次；左边动作相反进行。

功法图解

图 3—6

图 3—7

解开盘腿，双脚踩地而起，右脚膝盖置于左脚膝弯处，左手握住右手腕部，右胳膊肘放入左肘之中，右手掌自右向左按摩面部三次；左边动作相反进行，如图 3—6、图 3—7。

收式

金刚盘腿，双拳交叉置于心窝，尽力向外呼气。

第五节 摩拳弯弓

起式

金刚盘腿，双拳交叉置于心窝，呼出残气，守气。

功法介绍

双手金刚拳背相对，右上左下，伸向前方，左拳从右拳背后推拿至肩部，而后从腋窝下推拿至手腕处；然后，拳背相对，右拳推拿至左肩，又从腋下内侧推拿至腕关节处；尔后，双拳交叉，左拳从右拳内侧推拿，如同弯弓。

功法图解

图 3—8

图 3—9

图 3—10

图 3—11

图 3—12

图 3—13

双手拳背相对，右上左下，伸向前方，左拳从右拳背后推拿至肩部，而后从腋窝下推拿至手腕处；然后，拳背相对，右拳推拿至左肩，又从腋下内侧推拿至腕关节处；尔后，双拳交叉，左拳从右拳内侧推拿，如同弯弓，如图 3—8、图 3—9、图 3—10、图 3—11、图 3—12、图 3—13。

收式

金刚盘腿，双拳交叉置于心窝，尽力向外呼气。

第六节　伸拳击胸

起式

金刚盘腿，双拳交叉置于心窝，呼出残气，守气。

功法介绍

双手金刚拳，分别放在腋下靠上处，拳心向外，直甩前方，尔后拳头反转击胸。三次。

功法图解

图 3—14

图 3—15

图 3—16

图 3—17

双手握拳，分别放在腋下靠上处，拳心向外，直甩前方，尔后拳头反转击胸。三次。如图 3—14、图 3—15、图 3—16、图 3—17。

收式

金刚盘腿，双拳交叉置于心窝，尽力向外呼气。

第七节　双拳碎石

起式

金刚盘腿，双拳交叉置于心窝，呼出残气，守气。

功法介绍

解开盘腿，双脚踩地，双膝跪地，脚后跟触及臀部，双手金刚拳举至右肩上方，向左方挥动三次；又从左方向右方挥动三次。

功法图解

图 3—18

图 3—19

图 3—20

图 3—21

解开盘腿，双脚跺地，双膝跪地，脚后跟触及臀部，双手金刚拳举至右肩上方，向左方挥动三次；又从左方向右方挥动三次，如图 3—18、图 3—19、图 3—20、图 3—21。

收式

金刚盘腿，双拳交叉置于心窝，尽力向外呼气。

第八节　双肘后挤

起式

金刚盘腿，双拳交叉置于心窝，呼出残气，守气。

功法介绍

双手金刚拳交叉，手指向内，从肩膀下推拿至乳房处，然后双拳向外，从肋骨旁将双肘分别甩向背后。三次。

功法图解

图 3—22

图 3—23

图 3—24

图 3—25

双手握拳交叉，手指向内，从肩膀下推拿至乳房处，然后双拳向外，从肋骨旁将双肘分别甩向背后。三次。如图 3—22、图 3—23、图 3—24、图 3—25。

收式

金刚盘腿，双拳交叉置于心窝，尽力向外呼气。

第九节　盘腿倒山

起式

金刚盘腿，双拳交叉置于心窝，呼出残气，守气。

功法介绍

左右两手拇指紧紧相扣，从心窝、腹部、盘腿坐垫处逐渐向前推进到双手所能达到的地方，直致前额触地卧倒，尔后逐渐收回到心窝处时，双手尽力向上伸展，后仰，直致后脑勺触地，解开盘腿坐起；又从心窝处推进。如此推拿三次。

功法图解

图 3—26

图 3—27

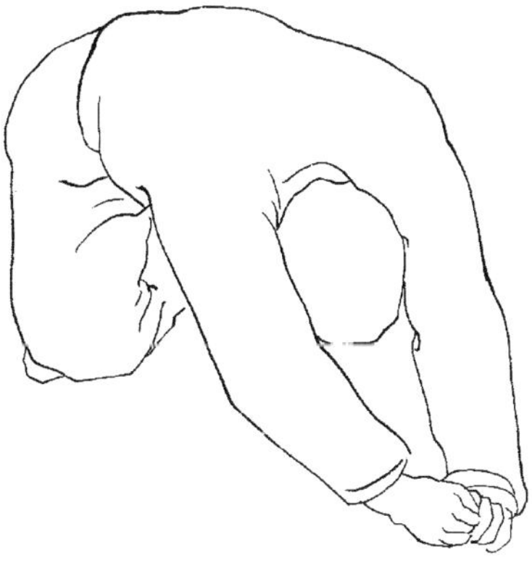

图 3—28

图 3—29

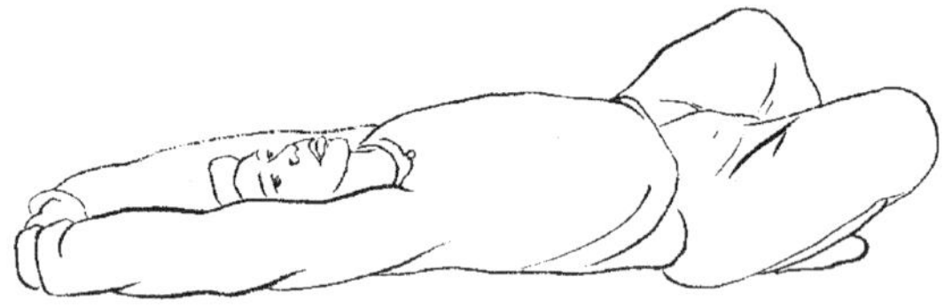

图 3—30

图 3—31

左右两手拇指紧紧相扣，从心窝、腹部、盘腿坐垫处逐渐向前推进到双手所能达到的地方，直致前额触地卧倒，尔后逐渐收回到心窝处时，双手尽力向上伸展，后仰，直致后脑勺触地，解开盘腿坐起；又从心窝处推进。如此推拿三次。如图 3—26、图 3—27、图 3—28、图 3—29、图 3—30、图 3—31。

收式

金刚盘腿，双拳交叉置于心窝，尽力向外呼气。

第十节　两臂挺身

起式

金刚盘腿，双拳交叉置于心窝，呼出残气，守气。

功法介绍

双手左右触地，支撑下身，抬举空中，尽力维持。

功法图解

图 3—32

图 3—33

双手左右触地，支撑下身，抬举空中，尽力维持，如图 3—32、图 3—33。

收式

金刚盘腿，双拳交叉置于心窝，尽力向外呼气。

第十一节　挽手拉腿

起式

金刚盘腿，双拳交叉置于心窝，呼出残气，守气。

功法介绍

站立，双拳交叉置于心窝，呼出残气，守气（以下相同）。

功法图解

图 3—34

站立，双拳交叉置于心窝，呼出残气，守气，如图 3—34。

功法介绍

身体挺直，双手金刚交叉，从右膝关节下勾住，向上提起，以大腿上方撞击右乳房处。三次；左边也相同。

功法图解

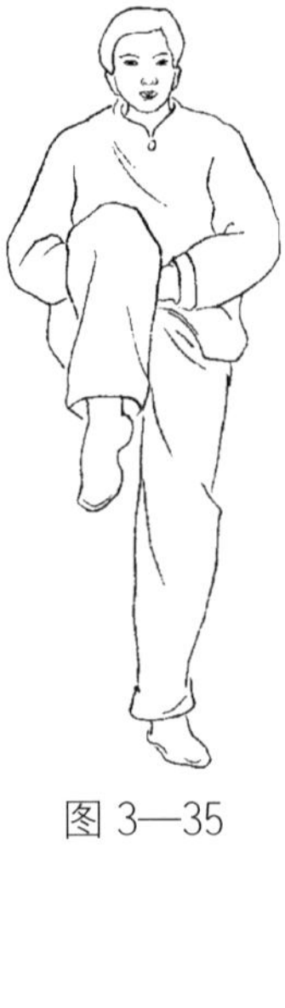

图 3—35

图 3—36

身体挺直，双手金刚交叉，从右膝关节下勾住，向上提起，将大腿上方撞击右乳房处。三次；左边也相同，如图 3—35、图 3—36。

收式

双拳交叉置于心窝，尽力向外呼气（以下相同）。

第十二节　双拳伸展

起式

站立，双拳交叉置于心窝，呼出残气，守气。

功法介绍

双脚并拢，后跟翘起，双手金刚拳，左右各自向下伸直；尔后，扭曲地徐徐从大腿根部向上推拿，到心窝时甩向前方上空伸展。三次。

功法图解

图 3—37

图 3—38

图 3—39

图 3—40

双脚并拢，后跟翘起，双手握拳，左右手各自向下伸直，尔后，扭曲地徐徐从大腿根部向上推拿，到心窝时甩向前方上空伸展。三次。如图3—37、图3—38、图3—39、图3—40。

收式

双拳交叉置于心窝，尽力向外呼气。

第十三节　拳击后背

起式

站立，双拳交叉置于心窝，呼出残气，守气。

功法介绍

双脚分开，脚尖分别向外，抬后跟，上身后仰，双拳右前左后，轮流捶击后背第七节脊椎骨。三次。

功法图解

图3—41

图3—42

双脚分开，脚尖分别向外，抬后跟，上身后仰，双拳右前左后，轮流捶击后背第七节脊椎骨。三次。如图 3—41、图 3—42。

收式

双拳交叉置于心窝，尽力向外呼气。

第十四节　手臂如虎

起式

站立，双拳交叉置于心窝，呼出残气，守气。

功法介绍

左手金刚拳紧紧靠拢在右乳房上方处，右手金刚拳手指向外，用胳膊肘向左和向右各转动三次；左边动作相同。

功法图解

图 3—43

图 3—44

图 3—45

图 3—46

左手握拳紧紧靠拢在右乳房上方处，右手金刚拳手指向外，用胳膊肘向左和向右各转动三次；左边动作相同。如图 3—43、图 3—44、图 3—45、图 3—46。

收式

双拳交叉置于心窝，尽力向外呼气。

第十五节　伸臂后仰

起式

站立，双拳交叉置于心窝，呼出残气，守气。

功法介绍

双脚微微分开，抬后跟，双手金刚拳向下伸直并捎带扭曲，慢慢向上推拿至心窝，尔后猛然将双臂伸向上方并后仰。三次。

功法图解

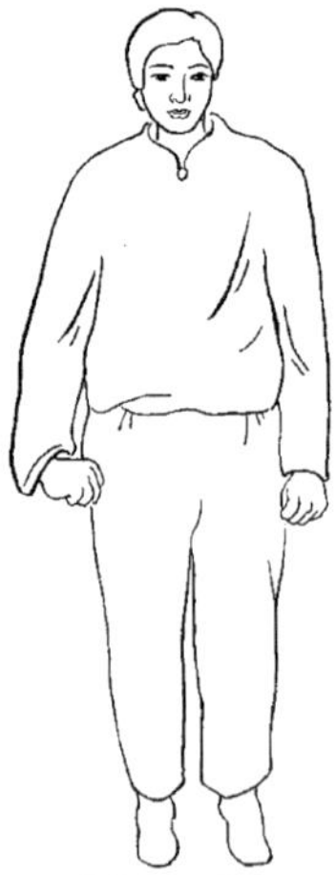
图 3—47

图 3—48

图 3—49

双脚微微分开，抬后跟，双手握拳向下伸直并略微扭曲，慢慢向上推拿至心窝，尔后猛然将双臂伸向上方后仰。三次。如图 3—47、图 3—48、图 3—49。

收式

双拳交叉置于心窝，尽力向外呼气。

第十六节　两手相交，推拿小腿

起式

站立，双拳交叉置于心窝，呼出残气，守气。

功法介绍

双手金刚相交的掌心，放置于右腿膝关节内并伸直，从脚后跟往上推拿至大腿根部，然后向下、又向上、再向下推拿，触及鼻尖。三次；右边相同。

功法图解

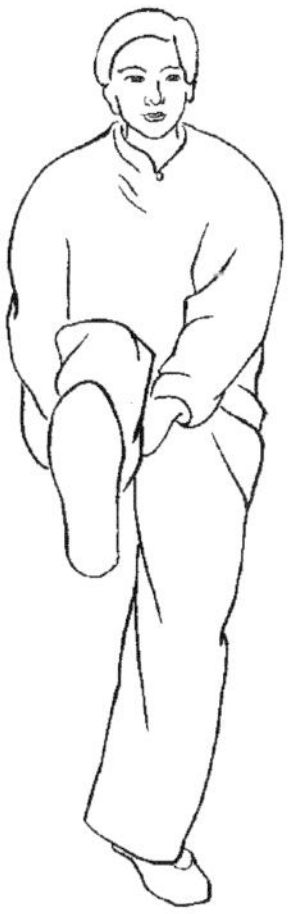
图 3—50

图 3—51

图 3—52

图 3—53

图 3—54

图 3—55

双手相交的掌心，放置右腿膝关节并伸直，从脚后跟往上推拿至大腿根部，然后向下、又向上、再向下推拿，触及鼻尖。三次；右边相同，如图 3—50、图 3—51、图 3—52、图 3—53、图 3—54、图 3—55。

收式

双拳交叉置于心窝，尽力向外呼气。

第十七节　后跟踢臀

起式

站立，双拳交叉置于心窝，呼出残气，守气。

功法介绍

右脚后跟踢臀部，向前抖动三次，向后抖动三次；左边动作相同。

功法图解

图 3—56　　图 3—57　　图 3—58　　图 3—59

右脚后跟踢臀部，向前抖动三次，向后抖动三次；左边动作相同，如图 3—56、图 3—57、图 3—58、图 3—59。

收式

双拳交叉置于心窝，尽力向外呼气。

第十八节　膝盖相压，上下搓动

起式

站立，双拳交叉置于心窝，呼出残气，守气。

功法介绍

右脚伸直的膝盖上方，放置左脚膝关节，一直向下推拿至脚趾上方。三次。左边动作相同。

功法图解

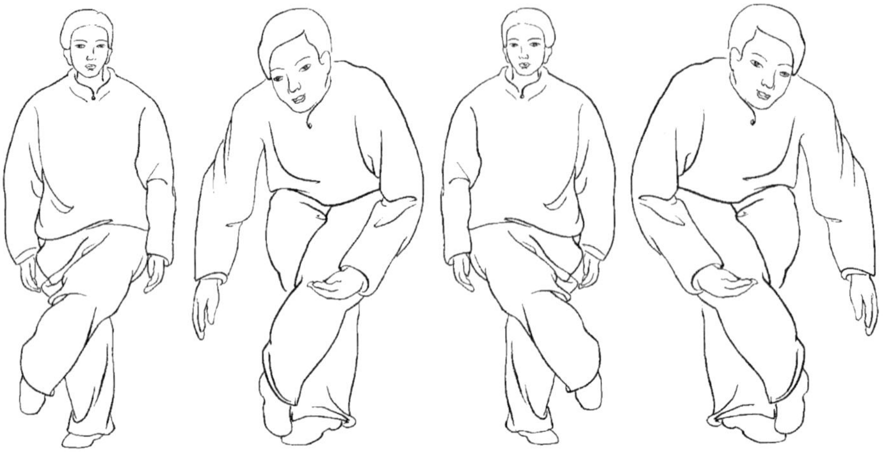

图 3—60　　图 3—61　　图 3—62　　图 3—63

右脚伸直的膝盖上方，放置左脚膝关节，一直向下推拿至脚趾上方。三次。左边动作相同。如图 3—60、图 3—61、图 3—62、图 3—63。

收式

双拳交叉置于心窝，尽力向外呼气。

第十九节　阴部上引

起式

站立，双拳交叉置于心窝，呼出残气，守气。

功法介绍

双手连同手指伸直，拇指和其他手指间留约生殖器大小的间隔，放置阴部，在间隔不变的情况下，由此向上推拿，双手掌心从左右面部直接伸向上空。三次。

功法图解

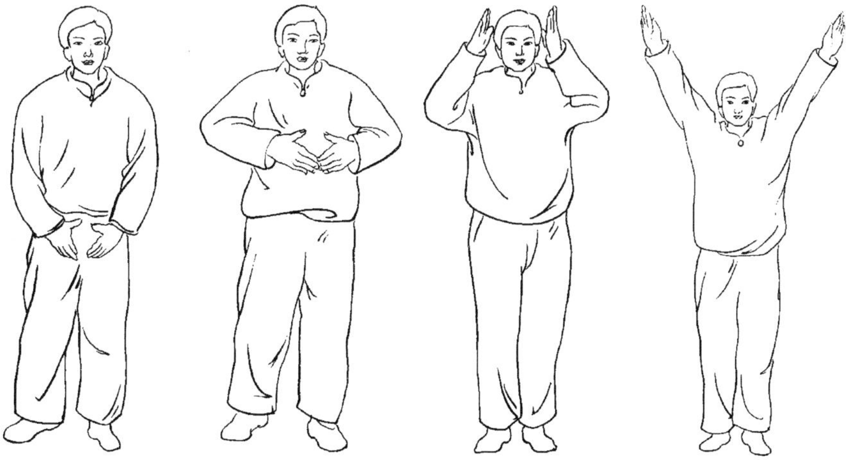

图 3—64　　图 3—65　　图 3—66　　图 3—67

双手连同手指伸直，拇指和其他手指间留约生殖器大小的空间，放置阴部，间隔不变的情况下，由此向上推拿，双手掌心从左右面部直接伸向上空。三次。如图 3—64、图 3—65、图 3—66、图 3—67。

收式

双拳交叉置于心窝，尽力向外呼气。

第二十节　左右踢臀⑥

起式

站立，双拳交叉置于心窝，呼出残气，守气。

功法介绍

右脚踢臀部并向前抖动三次，左脚向后抖动三次，向前抖动三次；又右脚向后抖动三次［萨迦派索南坚赞说：左右脚交替抖动］。

功法图解

图 3—68

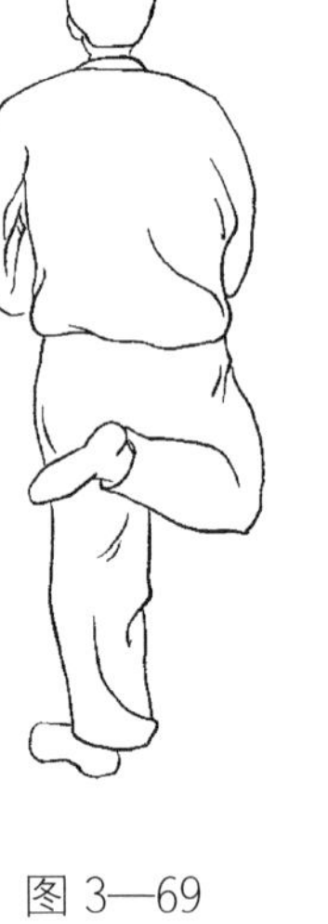

图 3—69

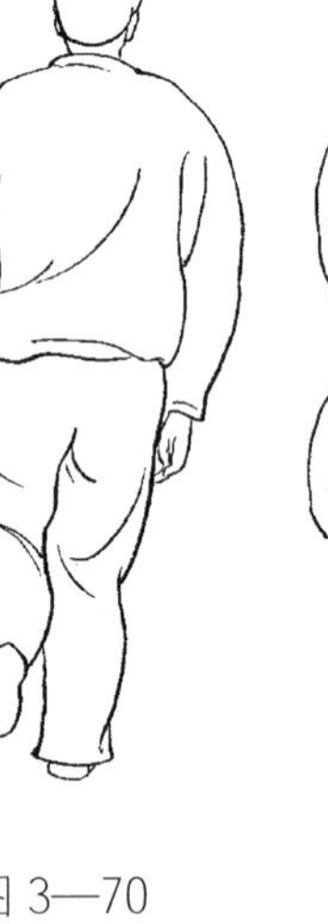

图 3—70

图 3—71

⑥这一节的藏文原文是：ཉི་ཤུ་སྔར་བཞིན་འཁྲབ་པར་བྱ，即“二十节如同原先一样跳跃”。这里的“原先”指什么？指的是本健身操的第十七节后跟踢臀（བཅུ་བདུན་མདུན་རྒྱབ་འཁྲབ་པར་བྱ）还是简易操的交替踢臀？显然指的是后一条。因为第一，重复十七节没有必要；第二，从说明看，虽然夏尔喇嘛和萨迦·索南坚赞说法不太一致，但综合起来看，左右抖动加上双脚交替踢臀，同简易操的做法完全一致。

右脚踢臀部并向前抖动三次，左脚向后抖动三次，向前抖动三次；又右脚向后抖动三次。如图 3—68、图 3—69、图 3—70、图 3—71。

收式

双拳交叉置于心窝，尽力向外呼气，如图 3—72。

图 3—72

附：二十节复杂健身操表

序号	藏文名称	汉文译名	异名	备注
1	ལག་བཀྲུ་ལྟ་བུ།	如同手浴		坐式
2	ལག་ལྡོག་བྲང་ལ་བཙེར།	反手挤胸		坐式
3	ལག་བཟུང་བརླ་གཉིས་གནོན།	抓手压腿		坐式
4	བསྣོལ་ནས་ལུས་བག་གཙུ།	交手扭身		坐式
4	གཞུ་སྲན་འགེངས་པ་འདྲ།	摩拳弯弓		坐式
6	ཁུ་ཚུར་བརྒྱང་དྲག་བརྡུང་།	伸拳击胸		坐式
7	ལག་གཉིས་རྡོ་གཅོག་འདྲ།	双拳碎石		跪式
8	གྲུ་མོ་གཉིས་ཀ་འཁྱེད།	双肘后挤		坐式
9	སྐྱིལ་ཀྲུང་རི་འཕུལ་འདྲ།	盘腿倒山		坐式
10	ལག་གཉིས་བརྟེན་ལུས་བསྐུམ།	两臂挺身		坐式
11	ལག་འཁྱུད་བརླ་སྟེང་དཀུག	挽手拉腿		立式
12	འགྲེང་ནས་ལན་གསུམ་བསྒྲེངས།	双拳伸展		立式
13	ཁུ་ཚུར་མདུན་རྒྱབ་བརྡུང་།	拳击后背		立式
14	ལག་སྟོན་སྟག་ལྟར་སྟོན།	手臂如虎		立式
15	འགྲེང་ལ་ལན་གསུམ་དགྱེད།	伸臂后仰		立式
16	ལག་གཉིས་བསྣོལ་ནང་དུ། རྐང་བཙུག་གཡས་ཀྱི་ཕྱོགས་སུ་དྲང་།	两手相交，推拿小腿		立式
17	མདུན་རྒྱབ་འཁྲབ་པར་བྱ།	后跟踢臀		立式
18	རྐང་གཡས་པུས་མོ་ནི། གཡོན་པའི་རྐང་པས་མནན་པར་བྱ། གཡོན་པའང་དེ་བཞིན་ནོ།	膝盖相压，上下搓动		立式
19	གསང་བའི་རྩེ་ནས་དྲང་།	阴部上引		立式
20	སྤར་བཞིན་འཁྲབ་པར་བྱ།	左右踢臀		立式

4

藏族传统保健方法中的气功锻炼

——运气法七种①

我们在前面谈萨迦传承的健身方法时，把预备式擦身法放在第一节，尔后是简易健身操、复杂健身操，把这些作为进一步锻炼的基础，然后再修炼七种运气法、脐火观想十八法，最后才是正式的三十二节瑜伽功。在做三十二节功法时，还要同时修炼运气法、脐火观想法等。也就是说，运气法是在健身操之后的一项重要的锻炼内容。这里说的七种运气法是哪七种呢？详细内容将在本文中做专门介绍，先做一简要说明。它们是：一命力、二命中呼气、三从两者中呼气、四嘴中带声、五从命中闭气、六口中无声、七合式。[②] 这里的关键是所谓命力，其他比较好理解。可以这样解释：命力就是从右边送气为力，从左边送气为命；往外送气为力，向内吸气为命；下气为力，上气为命。[③] 关于七种运气法的作用和功效问题，萨

---

① 萨迦·芒推洛珠的《运气法七种》(རླུང་གི་སྦྱོར་བ་བདུན) 或《气息的七种运动》(རླུང་འཁོར་བདུན) 见民族出版社 1991 年 5 月版《藏密气功典籍选编》268—275 页。萨迦·芒推洛珠，也称芒脱·鲁珠嘉措，藏历第九饶迥水羊年（公元 1523 年）生于后藏。15 岁，依止甫差松巴所建聂约恰葛雄寺之住持班珠·桑波扎喜出家，先取名鲁杰洛布，后改名鲁珠嘉措，从此即沿用该名，初闻上师瑜伽法等正法。拜上师桑波扎喜为根本上师，随侍二十七年，从未离开。先习拼读，后饱学显密经论。上师甚喜，42 岁，时在木鼠年（公元 1546 年），上师桑波扎喜逝世，举行追荐法会，乃继上师之后，讲经闻法，禅定修行，一意精进。后依止吉雄巴·洛卓朗杰、衮噶卓却为首之各派善知识，从彼等究习大小五明，特别是精通因明与历算，在吉雄巴·洛卓朗杰尊前研究习因明理论。注释萨迦班智达之《因明藏》(རིག་གཏེར)，著有《善言日光论》(ལེགས་བཤད་ཉི་མའི་འོད་ཟེར)，按各个难点，一一破除他宗，成立自宗而遮止争议。详细注释律经、俱舍论等，言简意赅。其历算著作亦有《教历·日光》(བསྟན་རྩིས་ཉི་མའི་འོད་ཟེར) 等若干佳作。总之，大小五明娴熟，弘扬萨迦派教法。成才弟子亦多。民族图书馆收藏有他的著作七篇，辑为一卷，系抄本。

② 七种运气方法 རླུང་གི་སྦྱོར་བ་བདུན་ནམ་རླུང་འཁོར་བདུན། 就是：命力（སྲོག་རྩོལ）、命中呼气（སྲོག་ནས་བཏང་བ）、从两者中呼气（གཉིས་ཀ་ནས་བཏང་བ）、嘴中带声（ཁ་ནས་སྒྲར་བཅས་བཏང་བ）、从命中闭气（སྲོག་ནས་བཀང་བ）、口中无声（ཁ་ནས་སྒྲ་མེད་བཏང་བ）、合式（ཁ་སྦྱར）。

③ 见民族出版社 1991 年 5 月版《藏密气功典籍选编》158 页中夏尔喇嘛·贡噶班典（ཤར་བླ་མ་ཀུན་དགའ་དཔལ་ལྡན）之《详述练身和运动的实践方法——脐火乐温自生》(ལུས་སྦྱོང་དང་འཕྲུལ་འཁོར་གྱི་ལག་ལེན་གསལ་བར་བཀོད་པ་གཏུམ་མོའི་བདེ་དྲོད་རང་འབར)。

迦·索南坚赞做了大致的概括，[④] 而夏尔喇嘛·贡噶班典则在此基础上进行了具体注解。[⑤] 将二者综合起来即：它们各自的好处是，命力可逃脱死亡、消除白发和皱纹，（用鼻子封闭力）命中（往外送气）呼气可延年益寿，从两个（鼻孔）中（往外）呼气可消除头病和眼疾，嘴（的牙缝）中带声（往外呼气）可消除蛇毒和热病，从命中（即从右边往里）闭气可消除消化不良及寒病，口中无（嘘）声（往里闭气）可消除肠胃病和不消化，合式（即瓶式气）可消除一切疾病。听上师讲过：如此进行修炼，可尽快无碍地产生禅定（原文中没有后两句）。 关于七种运气法的预备式，萨迦·芒推洛珠说：在座间的预备式方面应进行静虑九支。这就是：三练、把握好三要领、三修。三练中的练身就是做简易健身操和复杂健身操；练语就是除了非说不可者外，禁止激烈的讲话；练心是断除不善和没有被教导所指出的分别识，想起定律和无常产生悲凉的感觉。所谓把握好三要领，一是身要领。身要做盘腿或蹲式，可以自便。如果盘腿，就要按照毗卢七法进行。[⑥] 如果以蹲式进行，应把双腿和臀部像三脚炉一样高低平齐，双手从腿部外面像禅带一样盘绕。身体的要领同上；把握语的要领是，鼻孔

④ 见民族出版社 1991 年 5 月版《藏密气功典籍选编》所载萨迦·索南坚赞的文章《依靠脉风运动修炼深道菩提之次第即刻诵》（རླུང་འཕྲུལ་འཁོར་ལ་བརྟེན་ནས་ཟབ་ལམ་བྱང་ཆུབ་སྒྲུབ་པའི་རིམ་པ་བསྒྲགས་ཆོག་མ）148 页：དེ་དག་རེ་རེ་དག་གི་ཕན་ཡོན་ནི། སྲོག་རྩོལ་འཆི་བསླུ་སྐྲ་དཀར་གཉེར་མ་སེལ། སྲོག་ནས་བཏང་བས་ཚེ་རིང་བདུད་རྩི་འཕེལ། གཉིས་ཀ་ནས་བཏང་མགོ་ནད་མིག་ནད་སེལ། ཁ་ནས་སྒྲར་བཅས་སྦྲུལ་དུག་ཚ་ནད་སེལ། སྲོག་ནས་བཀང་བས་མ་ཞུ་ཚོད་ནད་སེལ། ཁ་ནས་སྒྲ་མེད་བད་ཀན་མ་ཞུ་སེལ། ཁ་སྦྱོར་གྱིས་ནི་ནད་ཀུན་སེལ་བར་འགྱུར། དེ་ལྟར་སྦྱངས་པས་གེགས་མེད་ཏིང་ངེ་འཛིན། མྱུར་དུ་སྐྱེ་ཞེས་བླ་མའི་གསུང་ལས་ཐོས།

⑤ 见民族出版社 1991 年 5 月版《藏密气功典籍选编》所载夏尔喇嘛·贡噶班典的文章《详述练身和运动的实践方法——脐火乐温自生》（ལུས་སྦྱོང་དང་འཕྲུལ་འཁོར་གྱི་ལག་ལེན་གསལ་བར་བཀོད་པ་གཏུམ་མོའི་བདེ་དྲོད་རང་འབར）191—192 页。

⑥ 毗卢七法：双脚金刚盘腿、双手平等放置、脊椎伸直不屈、胫部微微低垂、双肩像雄鹰展翅、双目凝视鼻尖、舌尖抵触上颚。见民族出版社 1991 年 5 月版《藏密气功典籍选编》（གསང་ཆེན་ཐབས་ལམ་ཉེར་མཁོ་རྣལ་འབྱོར་སྙིང་ནོར）263 页。

向外呼气三次，如同仓库进行清扫；把握心的要领是对意念不加任何操纵，自然放松，如同骏马奔驰前的呼气。三修是修菩提心、修菩萨、修上师。芒推洛珠还对静虑九支一一进行了说明。⑦下面按照萨迦·芒推洛珠的原文，具体介绍体验七种运气方法。

总论

详细说来可以体验的气息有二万一千六百种，可以概括为起、进、住，及三者的统一，共计四类。经中说：施行这些的道路是，运气七种，以瓶式气为主。所以，运气法有七种。施行这四种的方法是命力金刚诵；施行起的方法有放送三支；施行进的方法有灌满二支；施行住的方法有和合瓶式的气。对这些，每一种都有体验方法、最终达到的程度、如何消除障碍、有什么样的功德等四个方面的秘诀。

一、命力金刚诵

1. 体验方法

此中所谓命力者，从右边进出气为力，从左边进出气为命；往外出气为力，向内吸气为命；下气为力，上气为命。做完静虑九支，为消除障碍，首先从力开始。如果同右边送气相遇，则视为佳，但不必刻意追求。可以想象遇外出则外出，遇内进则内进，遇住内则住内，不要受其他思绪的干

⑦ 对静虑九支（བསམ་གཏན་གྱི་ཡན་ལག་དགུ）即三练、把握三个要领、三修的说明，见《藏密气功典籍选编》262—266 页。

扰。如能对此留意则为消除住碍的道路；如变为一片空虚则为消除贪欲之道；如出现烟云等光明征兆则为大菩提之道。这就是产生感悟。正所谓在产生感悟后，要使观点与我相混合。观想有寂无别（生死轮回和涅槃寂静没有分别）是要领。以下相同。在产生感悟后的回应方法是，想象长呼、短吸、住内。如果对此产生禅定并稳定时，从命开始，想象当进内时则进，住内时则住，出外时则出。若要念诵金刚则想象进内时“嗡”，住内时长“啊”，外出时“吽”。对此产生禅定后，对命要予以回应，想象向内长进，住在内，向外短出。在它巩固后的延伸办法是，要修炼想象向内长进三次，向外短出一次，然后进五次、出一次，最后内进二十一次到百、千次之后外出各一次。如果对此进行固定的座间，就像受惊的马，会同禅定产生对立，所以应进行不定式。

2. 最终达到的程度

运行清楚：看得见四大风息运行的轨迹、颜色、长短程度等；形式固定：风息在左右转移、土风水风等转移、以其他器官转移，并可逆转。

3. 消除什么障碍

不因悬崖、坍塌、雷击等的缘故受侵害，获得一定的长寿之益。

4. 功效

在对方的命风之道灌之以风息，可知其心思等获得通慧和四业（息业、增业、怀业、伏业）：在土风运行时，心中想象或祈祷或念诵咒语广增福德，即可实现增业。同样，水风实现息业，火风实现伏业。这是产生风息（气）功德的基础，应当努力。法王萨迦班智达说：成道者云丹班获得命力的观想，云游康区和卫藏三年。成道者一直修炼到如此程度，获得无量功德。后来对于所有弟子坚持以命力为主的传授。结束时，回向和祈祷。

二、放送三支的第一支闭住力、从命放送

1. 体验方法

首先，堵住力而放送命，即身姿的要领是：三节放送要蹲式，两节灌满要坐式。这也分四个部分，其中体验方法是：左手食指堵住右鼻孔向内吸气，意念集中在左鼻孔，猛力向外出气。在出气的过程中，不能忽然向内吸气，或不能坚持时，缓缓吸气十分重要。

2. 最终达到的程度

无论放在外面多久，没有不舒适的感觉，均能自然贯通。

3. 消除什么障碍

可消除上身酸痛，能解除忧伤。在过河和走进荒凉境地时，如能做七次这一功法，必能消除祸害。

4. 功效

全身舒适，产生无分别意识。

三、放送三支的第二支猛力从二者放送

1. 体验方法

猛力从两边放送，预备式同上。意念放在鼻尖或眉间，从两个鼻孔猛力出气并放送。然后放在前方一肘长、一庹长、一个山谷宽的空间，最后放在宇宙空间，最后不放在任何处所进行静坐。

2. 最终达到的程度

相同。

3. 消除什么障碍

可消除头部疾病和眼睛充血等。

4. 功效

能彻底获得明亮的体验。

四、放送三支的第三支从嘴中带声放送

1. 体验方法

嘴中带声放送：预备式同上。意念集中在“呲”声上，气从牙缝中挤出，带着“呲”声放送。

2. 最终达到的程度

相同。

3. 消除什么障碍

可消除血液失调和热病等突发病症。

4. 功效

能使全身坐立轻便，健康气色。

五、向内灌满二支的第一支闭住力而从命灌满

1. 体验方法

首先，堵住力而从命灌满：预备式同上。观想在被称为脐火睡觉处的法基（三角形物体）如同外白而内黄的空蛋壳内，气息漫漫渗入。食指和中指相迭，摁住右鼻，从右鼻徐徐吸气，作为气息的坐骑，将口水轻轻地咽下，尽力把气息压住。在如此反复进行的最后，想象在该法基内，在茫茫的白色光明中间，有一个红色的“ཨ”字仿佛是朱红的符号。由于压住气息的要领，该法基像大地一样膨胀广度，像大海一样延伸深度，像天空一样提高高度，在它的中间所有气息豁然开朗。把自己的心同法基的空间浑然融在一体。

2. 最终达到的程度

可以如愿成就。

3. 消除什么障碍

可以消除淋病、痞块（肿瘤）和不清静（不消化）。

4. 功效

产生温暖和快乐。据说自在瑜伽师的一切体验，主要由此而生。

六、向内灌满二支的第二支从嘴里无声中灌满

1. 体验方法

嘴中无声地灌满：预备式相同。在脐部外蓝而内黄的三角形法基内，想象风息渗入，面向天空，用嘴无声而缓慢灌满。稍有声音就会减弱温度，所以在无声中压住。在如此反复进行的最后，想象在法基内红色“ཨ”字像朱红色的符号，意念放在气息渗进它，燃起两指或四指的火焰。然后，法基变宽等如上。

2. 最终能达到的程度

相同。

3. 消除什么障碍

可消除水肿病等。仿佛用气息攻克所有患处，就能消除一切四大身体的不调和。

4. 功效

伴随着温度而产生快乐和光明。在进行灌满时，要领是：不要突然向外放送。

七、和合（瓶式和合）

1. 体验方法

正所谓“具有佛祖功德的和合在手中”，这是主要的运气方式。所以，体验它的预备式如同上述。正式的进行方法是：盘腿，双手盖住膝盖，三门（身、语、意）平等，意识放松，想象并意念放在脐部四指宽的“ཨ”字符号，犹如百马奔驰般的灼热而粗狂。想象上下的所有气息都渗进其中。下气缓慢上升，上气从左鼻孔徐徐引入，在轻轻咽下口水的同时压住，然后猛力上收下气。在两个下气中间，让上气进入，并使（两个下气）气息和合。在上下气息不丧失的情况下，同时沉入，说明掌握了要领。关于压住气息的标准问题，《戒律源流》说：最佳的力，相续不断；上乘的力，相续六十四次；中等的力，相续三十二次；末等的力，相续无定数。这就是说，每一次和合的时间是一个循环；按弹指计算，对于最佳者可以不断，对于上乘者六十四回，中等者三十二回，对于末等者没有定数。但是，如果想每次座间都有所长进，末等也可成为最佳。如此，在盘坐式练就后再修炼蹲式；对此练就后，再修炼并练就行、走、卧、坐等一切形式。

2. 最终达到的程度

在许多昼夜期间，能够和合等。

3. 消除什么障碍

能够消除全身不调等所有毛病。

4. 功效

没有根本位和后得位的区分而显现空乐的禅定，可以实现一切世间和出世间的成就。

后语

这七种运气方法，虽说上乘三夜、中等五夜、次等七至八夜可以转移观想物；但实际传授时，还是以上一节之何时能够感悟为标准。

本教授法的概要是：把两万一千有漏之业风，放进中脉里面，使之脉、明点和字母的精华与糟粕加以分解的是运气七法。祝愿为千辛万苦地修炼此法的人们赐予福分。

附：萨迦・芒推洛珠的七种运气法表

序号	藏文名称	汉文译名	备注
1-1-1	སྲོག་རྩོལ་རྡོ་རྗེ་བཟླས་པ།	命力金刚诵	
2	གཏང་བའི་ཡན་ལག་གསུམ།	放送三支	
2-1-2	རྩོལ་བ་བཀག་ནས་སྲོག་ནས་བཏང་བ།	闭住力、从命放送	
2-2-3	ཤུགས་བསྐྱེད་དེ་གཉིས་ཀ་ནས་གཏང་བ།	猛力从二者放送	
2-3-4	ཁ་ནས་སྒྲ་བཅས་སུ་བཏང་བ།	从嘴中带声放送	
3	ནང་དུ་དགང་བའི་ཡན་ལག་གཉིས།	向内灌满二支	
3-1-5	རྩོལ་བ་བཀག་སྟེ་སྲོག་ནས་དགང་བ་ལ།	闭住力而从命灌满	
3-2-6	ཁ་ནས་སྒྲ་མེད་དུ་དགང་བ་ལ།	从嘴里无声中灌满	
4-1-7	ཁ་སྦྱར་བ་ནི་ཁ་སྦྱོར་བུམ་པ་ཅན།	和合（瓶式和合）	

5

藏族传统健身方法中的冥想静坐法

——脐火观想十八法①

现代研究认为冥想静坐有延年益寿的作用。《美国心脏病学杂志》曾经登文称，研究人员在 18 年里对 202 名老人进行了两项试验，试验对象中有些人练习冥想静坐，其他人则练习渐进式肌肉放松等方法。在练习冥想静坐的小组中，心脏病死亡人数减少 30%，癌症死亡人数减少 49%。研究者说："虽然被抽样调查的人数不多，但是初步结果表明，有效减少压力的干预活动可以降低死亡率。"

萨迦·芒推洛珠[2]的《脐火观想十八法》主要讲的是冥想静坐的方法。藏族传统健身方法中萨迦传承把这一部分放在运气法之后、三十二节运动之前。在玛尔巴的传承中也有"脐火十八法"，已编译在本书当中。它们之间的联系和区别大家自己可以去体会，不再细述。这里所说"脐火"的传统译法是"拙火""猛厉"等。它的本意是猛烈、厉害等的意思。在这里成为一种专用术语，指的是肚脐部位犹如发烧般的温度。下面根据原文具体介绍脐火观想法。

① གཏུམ་མོའི་དམིགས་པ་བཅོ་བརྒྱད 即"脐火观想十八法"，见民族出版社 1991 年 5 月版《藏密气功典籍选编》(གསང་ཆེན་ཐབས་ལམ་ཉེར་མཁོ་རྣལ་འབྱོར་སྙིང་ནོར) 275—294 页。

② ས་སྐྱ་མང་ཐོས་ཀླུ་སྒྲུབ，公元 1523 年生于后藏。萨迦派大学者，饱学显密经论，大小五明娴熟，弘扬萨迦派教法。

总论

第一，概要

这里的涵盖口诀要点是脐火旃陀离[③④]。根据自在瑜伽的主张分为三部分或九部分，总计十八节。它们是：1. 养护火苗；2. 天神霹雳；3. 根本瑜伽；4. 搅拌轮；5.6.7.8. 明点瑜伽；9. 依靠单轮；10. 依靠双轮；11. 依靠四轮；12.13.14.15.16.17.18. 是依靠秘诀的快捷七节。

第二，关于预备式问题

然后在每一节的开头，上师虽说静虑九支，在每一次座间开始时，做好三修、把握三个要领和三练。三练中的练身法从简易、复杂练身操一直到三十二节运动法，一定要时时修炼。因为，要在今生今世获得最终成就，气息和运动十分重要。

第三，关于把握八个要领

为此，大多观想要具备八种秘诀的要领：一是疏通道路。这些观想是思定的因素，要平等冥想。二是维持观点。观想这一通道的思定是经验的观点，使其印证为有寂无别的观点冥想。三是把温度维持其自然状态。因

③ 关于脐火也有好几种说法：除了这里的观想十八法和玛尔巴的脐火十八法外，在《萨迦班智达全集》第三集 281 页有“脐火观想二十四法”的说法。

④ ཙཎྜ་ལཱི། 旃陀离。《藏汉大词典》的解释：ཙཎྜ་ལཱི། གཏུམ་མོ། ཙཎྜ་ལཱི་གསུམ་ནི་གཏུམ་མོའི་རྣམ་གྲངས་གསུམ། རང་བཞིན་ཙཎྜ་ལཱི། གཏུམ་མོའི་ཙཎྜ་ལཱི། ཁ་སྦྱོར་ཙཎྜ་ལཱི། 旃陀离、猛厉火、脐轮火或绝地火。本文中介绍的四种类型：རྩ་དང་ཡི་གེ་ཙམ་ལ་དམིགས་པ་སྣུག་པོ་ཙཎྜ་ལཱིའམ་མཉེན་ལྷུག་ཙཎྜ་ལཱི། 仅观想脉和文字为密集旃陀离或柔软旃陀离；ཐིག་ལེ་ལ་དམིགས་པ་གང་བ་ཙཎྜ་ལཱི། 观想明点为灌满旃陀离 མེ་འབར་བ་ཙམ་ལ་དམིགས་པ་གཅེར་བུ་ཙཎྜ་ལཱི། 仅观想火焰为赤裸旃陀离；འབར་འཛག་ལ་དམིགས་པ་ཁྱད་པར་གྱི་ཙཎྜ་ལཱི། 观想燃漏为特殊旃陀离。

观想无论产生摇摆、苦乐何种情形，都不采取取或舍的措施。四是座间无定数。没有三个或四个的座间定数。五是座间无限时。每次座间没有运气几次的限定。六是测试意念进入的对象。乐意时冥想，如果乐意时不去冥想，就不可能会有成效；如果极不乐意，不要去冥想；如果不乐意时去冥想，就有可能成为坏习惯，以后总是不能冥想。七是掌握体力的状况。体力好而不去冥想，不会见到成效；体力差而去冥想，会使精气混乱，所以要滋养体力，掌握适度。八是要监督饮食和行为。食物要又轻又有营养并食量要适度；行为要缓慢宽松；不坐在火旁或阳光底下，不要让汗水流出；身姿的要领是：蹲式或盘腿，随其自便。

第四，关于观想

此法虽然气息的压力较小，但是观想清晰，可产生较好的证果，所以观想十分重要。如果观想不清晰，气息压力再大，不会很快产生证果。对于燃漏在心窝以上观想，风息压力虽小，可产生证果清晰的禅定。如果在肚脐以下观想，气息压力大，且主要产生温暖和快乐。上师说：观想反复转移，不如专心在一处，这一点极为重要。还是要在自己可信的一个观想对象上，争取获得证果，其他可增可减。总之一定要做到产生证果的禅定。

第五，关于脉轮[5]的形状

就一般脉轮的形状而言，头顶伞形，喉咙缠蛇，心间莲花开放，肚脐

⑤ 藏密理论认为：人体的脉在头顶、眉间、喉咙、心间、肚脐、阴部等形成网络，他们的形状被形象地表述为：头顶伞形，喉咙缠蛇，心间莲花开放，肚脐绳索展示，阴部水槽状（སྤྱིར་འཁོར་ལོའི་གནས་ཚུལ། སྤྱི་བོར་གདུགས་ཕུབ་པ། མགྲིན་པར་སྦྲུལ་གཅུས་པ། སྙིང་གར་པད་མ་ཁ་ཕྱེ་བ། ལྟེ་བར་ཐག་པ་བརྒྱངས་པ། གསང་གནས་ན་ཕ་ཤོར་ལྟ་བུར་གནས།）。

绳索展示，阴部水槽状。但在作为修炼的通道时，想象肚脐和喉咙犹如向上开放，心间和头顶仿佛是打开的伞盖。

第一段　不靠脉轮的八节

1-1-1　第一节　养护火苗

身之要领

蹲式

心之要领

在肚脐下四指处，具有火性的赤黑ཨ字，字头向下；在肛门运行中的蓝色弓型气息，在会阴处三角形智慧之火；在肚脐处，中脉的分支灰红色字头向上的ཨཾ，想象ཨཾ字和ཨ字由细微的中脉相连。

气之要领

肛门口反复张闭，使温暖的气息和昏睡的气息尖端相接，用肛门处的气息使会阴处的火燃烧，它把ཨ字燃大，袭击肚脐的ཨཾ字，从ཨཾ字流（漏）出甘露的水犹如马尾毛上的露珠大小，好似油灯添上粮油，ཨ字的火苗得到养护，尽力使风息合闭冥想。

气息的下端相接即：血脉的末段以ཕད字的形态处在上方，静脉的末端以ཧུྃ字的形态出于下方，二者如同铁链相连，使中脉的末段掩藏起来，想象此二者末段相接，打通中脉。这两种下气被称为温暖气息和昏睡气息，是因为血脉使其产生温暖和性欲，所以称为温暖气息；静脉使其产生快乐和无分别识，所以称为昏睡气息。

1-2-2 第二节 天王霹雳

口诀

气息的弯弓火箭，射向菩提心 ཧཱུྃ 字的靶子，就能迅速产生智慧识，对此没有重复动作。在上师座前坐着修炼的诀窍，如同这首诗句一样，另外还有词句略微不同之句，在经典解说和教材中也有所不同。这里以上师的教导为准。

身之要领

盘腿，双手搭在膝盖上。

心之要领

气息之弓把守在肛门，两个火的弹头尖朝下对准肛门，感应像铜管一样的中脉火口触及肚脐，下端矗立的 ཨ 字又热又粗糙，上端 ཧཱུྃ 字倒立。

气之要领

下气使劲吸，腹部向脊梁收紧。在经典《འཁྲུལ་འཁོར་མར》注解中说：反转过来把手置于肚脐。就是说，弯弓上下翻转，弦是肛门，把手箭头到肚脐，矗立的 ཨ 字显示为箭镞。上风吸纳后闭合，上身向上牵引抖动，眼睛朝上翻眼观看，挽弓满，箭离弦，火箭向中脉嗖地飞驰过去，射中 ཧཱུྃ 字，好像装满牛奶的皮囊里流出乳汁一样，逐渐燃漏，降到肚脐修炼。不用重复的动作是，在一个座间的时间内，观想对象和身姿要领等运行方法不再重复进行。要像前次一样地修炼燃漏。也有这样的说法：仅有一次的心住，要专心修炼漏。此中自然存在的弓箭是：身体的肛门是把手，两个大腿是一字型弓身，两个膝盖是弓的两端，两个胫骨是弓弦，会阴处是三角型火的箭。虽有如此说法，但在实际修炼中如果这样做，稍有不当之处。疏通道路等相同。

1-3-3　第三节　脉之瑜伽

身之要领

蹲式

心和气之要领

在气息外出时，从私处的右边到肚脐、心间，一直到喉咙处，回应右边血脉具有火的红色特性，粗细像中等麦秸。在气息向内吸入时，回应从头顶右边到喉咙、心间、肚脐、私处之间，左边的静脉具有月亮水的白色特性，粗细像中等麦秸。在气息停住时，在它俩的中间，中脉具有四个特点：像莲花丝一样，细微如同马尾毛分成一百根；像芭蕉树一样直挺而没有弯曲；像紫梗花一样火红而光润；像芝麻油的灯火一样明亮而光洁靓丽。这样，依照气息的进、出、住三种情形，把意念集中到从头顶到阴部并行的三脉，这就是疏通道路。坚守如此观点。

1-4-4　第四节　搅拌轮

身之要领

蹲式

心之要领

从身体的肚脐到头顶之间，中脉灰红粗细如中等竹箭，左右血脉和静脉如同上述。肚脐内在三脉相结处，回应具有火的特性的血的明点大小如同中等豌豆。

气之要领

闭合，想象中脉像搅拌棍、血脉和静脉像搅拌绳、矗立的 ཨ 字像钻头，两个脉把中脉挤在中间。像钻子旋转一样滴溜溜转动，使搅拌垫子血的红明点哗哗地放送。这是疏通道路。坚守如是观点。

1-5-1-5 第五节 明点瑜伽四节中第一节心窝日月交辉

身之要领

盘腿

心之要领

在自身心间中央，想象下部月亮、上部日轮如指甲大小或半个豆子大小上下相叠，在它们中间具有三个特点的明点：色白红、大小如豆子或芥子粒大小、形态逼真；特性柔软；性质空、乐。集中意念于此，从明点发出“森”的声音，由于它的缘故，日轮穿出一个孔，其大小可以穿过一根马尾毛。

气之要领

下气上收，上风从嘴中无声地吸满，使之进入日轮的孔中；想象从明点产生光芒之细线，用它从前后缠绕日月六圈半；如果气息无法控制，缓慢呼气，想象光芒之线逐渐收回，渗入明点之中。如此反复修炼，称之为：日月方便与智慧，明点为共同基础，六圈为转识，半圈为染污识。由于注重这些，可产生明显而极致的禅定，可迅速产生先知先觉。坚守如是观点。

1-5-2-6 第六节 明点瑜伽四节中第二节脐部勇士

身之要领

盘腿

心之要领

想象在肚脐处具有三个特点的明点：色白、颗粒如鸡豆大小，形态鲜艳。

气之要领

下风呼气，上风从嘴中无声吸满，想象将其渗入明点，意念集中于它。反复修炼，将产生如同沉睡般的无分别识。

1-5-3-7 第七节 明点瑜伽四节中第三节阴部欢喜明点

身之要领

蹲式

心之要领

方便的秘密在宝贝内，智慧的脉在头顶，想象具备三种特点的明点：色如红莲宝石一样鲜红，形态鲜明，颗粒如同鸡豆大小。

气之要领

上风顺其自然，下风反复吸纳融入明点，扭曲身子修炼产生宝贝将要裂开的快乐。如想将其传遍全身，就进行腹部转动的杂拉纳。如果下行风放送急速，有可能产生漏泄明点，缓慢放送之。其余相同。

1-5-4-8 第八节 明点瑜伽四节中第四节眉间白发种子

身之要领

盘腿

心之要领

眉间弯曲的白色ཧཱུྃ字，如同白色的绸带；在小舌的舌根处两个白色ༀ形甘露的字，头部朝下；在心间，心之依托蓝色ཧཱུྃ字。想象这三者由中脉相连。

气之要领

依照命和力的情形，向外运气时，想象从小舌后面走过，击中ཧྃ字，使ཧྃ字温暖；当气息吸入时，想象从ཧྃ字流出甘露乳汁，或掉出红珊瑚颗粒，这两种情形中无论是哪一种，都要同心态相配；想象使小舌的ཨྃ字满满当当，由此不断流出的甘露使心间的ཧཱུྃ字满足，把意念集中在此。下巴颏压住喉结，舌头抵上颚，时而运动舌根，吸吮牙龈，咽下口水。如此修炼多次，首先会使口水浓稠，然后会变成酸奶状；这也会逐渐多了起来，会失去对食物的兴趣，体魄会强壮，行走比骏马还要迅速，白发和皱纹消失，头脑清楚而明白。其余相同。

第二段　依靠脉轮的三节

2-1-9　第九节　依靠脉轮三节中第一节依靠单轮锋利（脐轮）

身之要领

蹲式

心之要领

回应肛门运行之气如同挽弓，会阴处智慧之火处于三角形顶端。在肚脐变化脉轮之六十四个脉瓣中央，就像所说的那样，无我母脉显现为细小的ཨྃ字，在内圈八瓣上，梵文八个部分的首字ཨ་ཀ་ཙ་ཊ་ཏ་པ་ཡ་ཤ八个字母色红，右旋形；在外圈六十四个花瓣上，显现没有笑容的文字。

气之要领

肛门开闭三次，意念集中到吸纳使会阴处的火焰燃烧，并将其碰撞肚脐的ཨྃ字。由ཨྃ字燃烧具有三个特点的火：颜色鲜红、性质灼热、特性柔和，从一指宽到四指宽的高度，逐渐锐利、迅速、燃烧。逐步将气息和合，一直修炼到它使肚脐下的温度忽然升高为止。坚守如此观点。此法由于验证迅速而被称为锋利。依靠两轮的速度没有什么区别，所以，“依靠单轮较为合适”的说法，也许好一些。

2-2-10　第十节　依靠脉轮三节中第二节依靠双轮迅速（脐轮、心轮）

身之要领

蹲式

心之要领

在原先的肚脐轮之上，想象心间法轮在八瓣的核心ཧཱུྃ字蓝灰银水色、字头朝下、似乎即将坠落的状态；八瓣之上具有没有笑容的文字；ཧཱུྃ和ཨོཾ二字由极为细腻的中脉相连，想象胜乐金刚父母相抱。

气之要领

肛门开闭使下气末端相接，燃起会阴处的火焰，将其碰撞ཨོཾ字，由ཨོཾ字产生的微火，好像是电的光芒射进中脉之中；碰上ཧཱུྃ字，由ཧཱུྃ字漏出菩提心的细细流水，渗进ཨོཾ字，使ཨོཾ字猛烈燃烧，意念集中到红白相混的燃漏之上。修炼气息和合是疏通道路的瑜伽。坚守如是观点。

此法产生见证的状态极为迅速，所以由于温暖聚集而产生的见证状态是：从右边土风等自然顺序显示的五个征兆仿佛是：火烟、幻觉、萤火虫、燃烧的酥油灯、天空无云。从左边天空风息等按错序显示的五个征兆仿佛是：黑暗、彩虹、闪电、月亮的光芒、太阳的光芒。这些都会以所见或所梦等各种形式出现。这些征兆在脐火气息等其他功法中也会出现，但此法因极为迅速而一定会出现，为告知这一点，特在此说明。

2-3-11 第十一节 依靠脉轮三节中第三节依靠四轮稳固

身之要领

蹲式或盘腿

心之要领

作业的轮子如上所述，肚脐轮的六十四个脉瓣中央有ཨཾ字，内圈八瓣上从前方向右转有ཨ་ཀ་ཙ་ཊ་ཏ་པ་ཡ་ཤ八个字母，外圈六十四个脉瓣上从前方左旋ཨཱ部十六个字母两遍（四遍），除掉ཧ་ཀྵ两个字母的右旋ཀཱ字部一遍，均为红色、头朝上；心间八瓣中央ཧཱུྃ字，在四方从前方开始为右旋ཧྲཱིཾ་ཨོཾ་ཛྲིཾ་ཁྲཱིཾ四个字母，从左方边际开始为右旋ལཾ་མཾ་པཾ་ཏཾ四个字母。上师说：ཧ་ཀྵ两个字母虽然不在ཨཱ部系列，但可修炼为上下两个，所以字数还是齐全了。心间的字母为深蓝色、头朝下；喉咙十六个脉瓣中央为ཨཾ字，脉瓣上左旋ཨཱ部十六个字母，字母均为红色，头朝上；大乐轮三十二个脉瓣中央ཧཾ字，脉瓣上从前方开始向左十六个ཨཱ部字母，右转从ཨ字母到ཧ字母的ཀཱ部十六字，所有字母均为白色、头朝下；右边血脉色红、朝上；左边静脉色白、朝下；中间中脉具有白而红的色泽即四个特点。想象三个脉从头顶到肚脐，仿佛是主心骨，无论多少昼夜，都要予以回应。然后，开闭肛门，温暖气息和昏睡气息的顶端相接，发动肛门的气息，点燃会阴的火焰，投向肚脐的ཨཾ字，ཨཾ字被火燃烧，微微火焰如同闪电的光芒，从右边的血脉通行，毫不犹豫地击毁心间字母；又从血脉通行，击毁喉咙的字母；又从血脉通行，触及头顶的ཧཾ字，使ཧཾ字融化的菩提心从左边的静脉流出，使喉咙的字母恢复并发达；又从静脉通行，使心间的字母恢复并发达；又从静脉通行，触及肚脐的ཨཾ字，使ཨཾ字极为愤怒而燃烧，使之微微绽开；微火从中脉向上通行，使心间和喉咙的ཧཱུྃ和ཨཾ两个字，被干净利落地击毁。触及头顶的ཧྃ字，从ཧྃ字流出细小的甘露水，通过中脉向下流出，逐步追赶那个火，意念集中在喉咙的燃漏。又逐步追赶，意念集中在肚脐上方四指宽处燃漏。如果燃烧得厉害，向上追赶；如果泄露得厉害，向下追赶。把意念集中在蓬乱的头发般的白红燃漏上。

气之要领

用和合的修炼疏通道路，同样坚守相同观点。

第三段　依靠密咒要领的快捷七节

3-1-12　第十二节　依靠密咒要领的快捷七节中第一节灰红的火

预备式同前

身之要领

蹲式。灶架十八种手印。蹲式使用禅带。髁骨相交，双手也交叉并抱住双肩，头部搭在膝盖上，产生了六个三角形，外形为六个灶架形，同样脉、字母、元气甘露等也各六种，共计十八种灶架手印。

心之要领

意念集中在身体像是灌满气体的胎衣上，空空荡荡，充满了不知从何而来的颜色灰红、又热又烈的火焰。

气之要领

和合瓶式。尽其所能心中默数弹指数，如果不能坚持，缓慢放送，此为一次运气过程。像这样作为有数，在右旁放置十二个石子。在守持无数时，则把火作为观想对象，在左旁放置十二个石子，作为无数。这是和合无数十二子。有数即为力，谓之消除；无数即为放送，谓之有效。如此和合无数十二次，有数十二次，共计二十四次，要不间断地在座间中进行。

有些书中也写道，有数无数各二十四次即每次座间四十八次和合。但实践中还是按上述说法进行。坚守观点。温暖的感觉顺其自然地放弃。有座间数即四个座间。座间有限，即一个座间二十四个和合。不测算心意进入之处。不限制元气之数，无论有无兴趣、元气好坏，四个座间和每次二十四次的气数不能少。对饮食和行为的监督，要如前进行。这些要领，在以下六节中同样需要守持。

3-2-13　第十三节　依靠密咒要领的快捷七节中第二节燃火

预备式、身之要领等同前。

心之要领

想象两脚掌分别有一个深红色རཾ字，脚趾运动，脚底运气，燃烧的རཾ字通过髁骨两脉和大腿的两个大脉，在会阴处汇合的火，具有四个特点：锋利犹如细针的针尖，迅速犹如油灯被风吹动，暴烈使接触者极为炎热，凶猛可散发点点星火，将它作为观想对象。

气之要领

合式气息有数无数等如上。

3-3-14 第十四节 依靠密咒要领的快捷七节中第三节激活明点

预备式和身之要领等同上。

心之要领

观想如前。想象在火的顶端，有一粒白色的明点，大小如同豆子，在它的上方四指宽的地方有一粒红色的明点，大小如同羊粪蛋，并练习气息的和合，意念集中在由于火风的作用，从白红两个明点反复相撞的地方发出闪闪星火，使之布满全身，一股暖流温暖上下。

气之要领

合式气息。

3-4-15 第十五节 依靠密咒要领的快捷七节中第四节火轮

预备式和身之要领等同上。

心之要领

使前面的明点相斗顺其自然，不管不问。想象在火的上面白红两色明点相叠，如同主轴一般是命的要领；在它的上方四辐或八辐火轮，左右以其自便地旋转是轮子之要领；在每一辐上长短两个ཨ部字母由火线相串连并旋转是外部字母之要领；具备三个要领的轮子不接触身体而旋转，使体内充满细小的火星。

气之要领

合式。其余相同。

3-5-16 第十六节 依靠密咒要领的快捷七节中第五节烈火燃烧

预备式和身之要领同上。

心之要领

（接上）想象在火轮之上，有具备三个特点的火：颜色黑红、性质热、特性柔软即火风的属性飘逸，发出火星，在尚未接触头盖骨的头顶上燃烧。

3-6-17 第十七节 依靠密咒要领的快捷七节中第六节越烧越旺

预备式和身之要领等同上。

心之要领

想象该火朝下，使全身内外均燃烧火焰。

3-7-18 第十八节 依靠密咒要领的快捷七节中第七节燃烧一切

预备式和身之要领等同上。

心之要领

想象该火越燃越大，使所有可显现的物质被呼呼地燃烧成具有三个特点的脐火。

气之要领

坚守观点等相同。

结束语

上述脐火观想十八法，可以归纳为四类：仅观想脉和文字为密集旃陀离或柔软旃陀离或柔软的柳枝旃陀离、观想明点为灌满旃陀离、仅观想火焰为赤裸旃陀离、观想燃漏为特殊旃陀离。养护油灯、天公打雷、依靠两轮、依靠四轮等四节为特殊旃陀离；脉瑜伽和搅拌轮子两节为密集旃陀离；四节明点瑜伽为灌满旃陀离；其余七节为赤裸旃陀离（译者注：这里少一节）。

《觉嘉玛》中说：然后修炼运气七法，到了合式时，修炼脐火十八法。在进行这些的时候，以八种回应方式实施回应。六种教诫的关键也在这个时候起作用。如此用脐火密咒疏通道路，一直修炼至得到自生智慧的观点为止。这样会达到聚集元气的第一品。三十守持和诸消除障碍法，应在此时有把握地加以运用。据此，运气法、脐火、运动（幻轮）三十守持、八个回应、六条教诫、各项消除障碍法等包含在两项书函中。根据这些内容，圣洁的上师加上完美的修饰，结合具体修炼，进行充分的实践。

这一教授法的精髓是：做好合式气的完整仪轨，以灌满、密集、赤裸旃陀离，还有特殊旃陀离等脐火的火，燃烧乐温智慧而加持吧。

附：萨迦·芒推洛珠的脐火观想十八法表

序号	藏文名称	汉文译名	备注
1	འཁོར་ལོ་ལ་མ་བརྟེན་པ་བརྒྱད།	不靠脉轮的八节	
1-1-1	མར་མེ་གསོ་བ།	养护火苗	
1-2-2	ཚངས་པའི་ཐོག	天王霹雳	
1-3-3	རྩའི་རྣལ་འབྱོར།	脉之瑜伽	
1-4-4	སྲུབ་ཤིང་འཁོར་ལོ།	搅拌轮	
1-5	ཐིག་ལེའི་རྣལ་འབྱོར་བཞི།	四节明点瑜伽	
1-5-1-5	སྙིང་གའི་ཉི་ཟླ་ཁ་སྦྱོར།	心窝日月交辉	
1-5-2-6	ལྟེ་བའི་དཔའ་བོ་འབབ་ཞིག	脐部勇士	
1-5-3-7	གསང་གནས་བདེ་བ་ཐིག་ལེ།	阴部欢喜明点	
1-5-4-8	མཛོད་སྤུ་སྦྲ་དཀར་ས་བོན།	眉间白发种子	
2	འཁོར་ལོ་ལ་བརྟེན་པ་གསུམ།	依靠脉轮的三节	
2-1-9	འཁོར་ལོ་གཅིག་ལ་བརྟེན་པ་རྣོ་བ།	依靠单轮锋利	
2-2-10	འཁོར་ལོ་གཉིས་ལ་བརྟེན་པ་མྱུར་བ།	依靠两轮迅速	
2-3-11	འཁོར་ལོ་བཞི་ལ་བརྟེན་པ་བརྟན་པ།	依靠四轮稳固	
3	མན་ངག་གི་གནད་ལ་བརྟེན་པ་མྱུར་བ་བདུན།	依靠密咒要领的快捷七节	
3-1-12	མེ་དམར་སྐྱ།	灰红的火	
3-2-13	མེ་འབར་བ།	燃火	
3-3-14	ཐིག་ལེའི་འཐབ་མོ།	激活明点	
3-4-15	མེའི་འཁོར་ལོ།	火轮	
3-5-16	མེ་དྲག་ཏུ་འབར་བ།	烈火燃烧	
3-6-17	མེ་ཆེར་འབར་བ་ལ།	越烧越旺	
3-7-18	ཐམས་ཅད་མེར་འབར་བ།	燃烧一切	

附 2：脐火十八法分类表

<table>
<tr><th>四种</th><th colspan="2">十八法译文</th><th colspan="2">原文</th></tr>
<tr><td rowspan="4">ཁྱད་པར་ཙནྡ་ལཱི།
特殊旃陀离</td><td>1</td><td>养酥油灯火</td><td>མར་མེ་གསོ་བ།</td><td></td></tr>
<tr><td>2</td><td>天公打雷</td><td>ཚངས་པའི་ཐོག</td><td></td></tr>
<tr><td>3</td><td>依靠两轮</td><td>འཁོར་ལོ་གཉིས་ལ་བརྟེན་པ།</td><td></td></tr>
<tr><td>4</td><td>依靠四轮</td><td>བཞི་ལ་བརྟེན་པ་བཞི།</td><td></td></tr>
<tr><td rowspan="2">སྦུག་པ་ཙནྡ་ལཱི།
密集旃陀离</td><td>1</td><td>脉瑜伽</td><td>རྩའི་རྣལ་འབྱོར།</td><td></td></tr>
<tr><td>2</td><td>搅拌轮子</td><td>སྲུབ་ཤིང་འཁོར་ལོ།</td><td></td></tr>
<tr><td rowspan="4">གང་བ་ཙནྡ་ལཱི།
灌满旃陀离</td><td>1</td><td>心窝日月交辉</td><td>སྙིང་གའི་ཉི་ཟླ་ཁ་སྦྱོར།</td><td>ཐིག་ལེའི་རྣལ་འབྱོར།
明点瑜伽</td></tr>
<tr><td>2</td><td>脐部勇士</td><td>ལྟེ་བའི་དཔའ་བོ་འབབ་ཞིག</td><td></td></tr>
<tr><td>3</td><td>阴部欢喜明点</td><td>གསང་གནས་བདེ་བ་ཐིག་ལེ།</td><td></td></tr>
<tr><td>4</td><td>眉间白发种子</td><td>མཛོད་སྤུ་སྐྲ་དཀར་ས་བོན།</td><td></td></tr>
<tr><td rowspan="7">གཅེར་བུ་ཙནྡ་ལཱི།
赤裸旃陀离</td><td>1</td><td>灰红的火</td><td>མེ་དམར་སྐྱ།</td><td></td></tr>
<tr><td>2</td><td>燃火</td><td>མེ་འབར་བ།</td><td></td></tr>
<tr><td>3</td><td>激活明点</td><td>ཐིག་ལེའི་འཐབ་མོ།</td><td></td></tr>
<tr><td>4</td><td>火轮</td><td>མེའི་འཁོར་ལོ།</td><td></td></tr>
<tr><td>5</td><td>烈火燃烧</td><td>མེ་དྲག་ཏུ་འབར་བ།</td><td></td></tr>
<tr><td>6</td><td>越烧越旺</td><td>མེ་ཆེར་འབར་བ།</td><td></td></tr>
<tr><td>7</td><td>燃烧一切</td><td>ཐམས་ཅད་མེར་འབར་བ།</td><td></td></tr>
<tr><td>备注</td><td>缺</td><td>单轮锋利</td><td>འཁོར་ལོ་གཅིག་ལ་བརྟེན་པ་རྣོ་བ།</td><td></td></tr>
</table>

6

藏族传统健身方法中的健身运动

——萨迦派的三十二节瑜伽功[1]

对于现代人来说，生命在于运动这句话既是最流行，又是最适用的格言。藏族传统的健身方法中，关于运动、运动的好处和运动的具体方法的叙述，可以说多如牛毛，但大多鲜为人知。无论在萨迦传承、噶举传承、夏鲁传承，均有多方面的叙述。这里介绍的是萨迦传承的三十二节健身运动。关于这一健身方法，就在萨迦传承的有关资料中也有好几种名称，如三十二节幻轮功、功业三十二节、三十二节瑜伽功等。无论叫什么名称，其内容都是健身运动。这一健身方法，就文字材料而言，萨迦法王·索南坚赞、夏尔喇嘛·贡噶班典介绍的最为系统、最为详细。所以，在 2007 年出版的《藏式健身宝典》第六部分《藏族传统健身方法中的健身运动—三十二节瑜伽功》，就是以萨迦法王的文章为主，把夏尔喇嘛的说明作为补充。同时在该文的注释中，不仅详细介绍了故宫博物院藏有这一功法的珍贵资料，而且即将出版的详细信息。

现在值得高兴的是这套画册已由紫禁城出版社于 2009 年 10 月正式出版，定名《究竟定 清宫藏密瑜伽修行宝典》。这套画册帮我们解决了一系列的问题：第一，关于这套功法的传承问题。我们的文字材料主要是萨迦巴索南坚赞（1312—1375）和夏尔喇嘛留下来的，而这套画册介绍完三十二节功法三种顺序之后即第 109 幅图汉文中明确标明："大成就名称幢师所作，喜金刚九十六妙用颂，吾按先德图，见乱有不明，故具次第述，愿群登觉岸。""名称幢"也译作"称幢"即"扎巴坚赞"。在藏文中的更清楚，说"此功法由扎巴坚赞按祖宗小册子编写"。扎巴坚赞（1147—1216）是萨迦五祖中白衣三祖的第三位，是萨迦班智达的叔伯，萨班即是从扎巴

① 萨迦派的三十二节瑜珈功（འཁྲུལ་ལས་སོ་གཉིས་སམ་འཁྲུལ་འཁོར་སོ་གཉིས）。

坚赞处受的沙弥戒。第二，它明确证实这套三十二节功法流传广泛，不仅在萨迦派内部，也不仅限于藏文范围，其很早就被译成了汉文，甚至在皇家宫廷内传播，并且引起高度重视。第三，它弥补了这三十二节功法只有文字说明而没有图例的缺陷，画册上的图案作为宫廷里的教学图，十分精美，而且画笔十分到位。第四，这套功法教学图，还配有藏汉两种文字，这既是先人留给我们的翻译作品，也是这一遗产的重要组成部分。第五，这套精美图案，把这套功法的内容顺序说的一清二楚，如顺行从第一颂至三十二颂，逆行就是从第三十二颂至一颂，混行就是一颂后作十六颂，二颂后做十七颂，以此类推，如果全部做完共有九十六节项目。

根据以上情况，在修订《藏式健身宝典》第六部分的过程中，遵循了以下原则：一、经过故宫博物院的同意，将画册中的图例插进本书；二、鉴于篇幅所限，本书只用顺行部分，不涉及逆行和混行，如果有人要做完全套，自行可以按逆行做，也可以打乱顺序做混行；三、图案保留原貌，藏汉合璧文字照登；四、《藏式健身宝典》原有的功法说明和起式、收式、表格、注释等基本保留；五、各章节名称仍尊重原文，保留梵文音译。

另，原文字材料中还有《亲传运动四节》的功法，由于与现在的体例不符，不再保留。

关于五肢运动的功法说明，原文比较长，加之与本书中的第二部分《简易健身操——五肢运动》雷同，所以，本套第22-26节的功法说明，依据画册中简明扼要的藏文说明。

关于这一健身方法的功效问题。萨迦法王·索南坚赞说：有心人若能努力实践这一精粹的教诫，能使身体健康而不劳累，行如骏马而力大如大象。对这能使身体强壮而长途跋涉的捷径，值得人们勤奋学习和体验。[②]夏尔喇嘛·贡噶班典则说：为了消除脉络僵硬和一切涎分等疾病；为了在极其狭窄的脉络中让气和心畅通无阻；为了消除在脐火修炼产生的障碍；为了纠正一切瞎脉；为了解开一切脉结，要进行使气和心放入中脉尽快产生智慧之识、特殊办法——体运动。[③]关于运动的顺序问题。夏尔喇嘛·贡噶班典说：关于气、脐火和运动的必要性和顺序问题，首先用气的瑜伽稍微解开脉结；然后用脐火解开它还没有解开的结；最后用运动解开它也未能解开的脉结。[④]

以下是顺行三十二节。

第一节　拶蓝多罗

预备式

顿时起立，双脚跟中间留出六指宽的距离，脚尖向外，身体挺直，双拳在心窝交叉，呼出残气，守合式气。

② 萨迦法王·索南坚赞的话见民族出版社于 1991 年 5 月出版的《藏密气功典籍选编》（གསང་ཆེན་ཐབས་ལམ་ཉེར་མཁོ་སྐལ་འབྱོར་སྙིང་ནོར་）152 页—153 页。

③ 夏尔喇嘛·贡噶班典则的话见民族出版社于 1991 年 5 月出版的《藏密气功典籍选编》（གསང་ཆེན་ཐབས་ལམ་ཉེར་མཁོ་སྐལ་འབྱོར་སྙིང་ནོར་）168 页—169 页。

④ 夏尔喇嘛·贡噶班典的话见民族出版社于 1991 年 5 月出版的《藏密气功典籍选编》（གསང་ཆེན་ཐབས་ལམ་ཉེར་མཁོ་སྐལ་འབྱོར་སྙིང་ནོར་）169 页—171 页。

功法图解

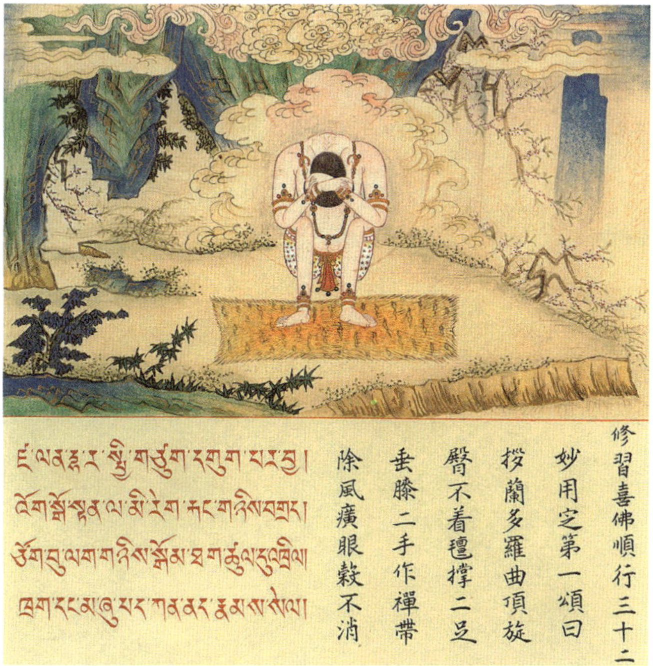

功法说明

如此基础上，双手从耳旁的空中伸直，如同飞禽展翅；然后双手徐徐收回头部附近，左手掌抓住右手肘后方，右手掌抓住左手肘后方；并将手臂徐徐降下，套住二膝盖；头向下低垂，放入两膝盖中间，蹲坐，臀部不要触地，时间尽其所能。

收式

解开，金刚盘坐，双拳在心窝交叉，其从左鼻孔徐徐呼出。

第二节　款萨巴都葛

预备式

双脚尖向外，双后跟稍微交叉，身体挺直，双拳在心窝交叉，呼气并守气。

功法图解

功法说明

然后双手从耳旁空中伸展，如同飞禽展翅；而后双手金刚交叉，向头顶空中牵引三次；然后徐徐降落，将金刚交叉的手套住两膝盖，手腕挺立，上身后仰，臀部不触地，身子扭曲，尽力坚持。

收式

解开，金刚盘坐，双拳在心窝交叉，呼气等如上。

第三节　卧帝耶纳

预备式

金刚盘腿，双拳在心窝交叉，呼气并守气。

功法图解

功法说明

然后，右拳从左肘附近伸出，并从前方转动，忽然伸向右肩空中，而后胳膊肘弯曲，拳头猛击肋间，又向耳旁空中伸直，并用摊开的左手掌向下徐徐推拿，同时摇晃头部；与此相同，左拳从右肘附近伸出，摇晃头部等如上。

收式

金刚拳交叉，放在心窝处，徐徐呼气。

第四节　金刚莲

预备式

金刚盘腿，双拳在心窝交叉，呼气并守气。

功法图解

功法说明

解开盘腿，双脚向前伸展，右脚从左脚上面伸出，两髁骨交叉，两脚背相触，腹部向脊梁骨缩紧，双手相交，向上挺立，上身后仰，双脚微抬，后跟踢臀三次的同时金刚相交的双手向腹部挤压。

收式

金刚拳交叉，放在心窝处，徐徐呼气。

第五节　卒蓝

预备式

金刚盘腿，双拳在心窝交叉，呼气并守气。

功法图解

功法说明

双手金刚相交，在心窝处直立并收紧，身体挺直，眼不动，下巴送至右肩三次，左边也相同进行。

收式

金刚拳交叉，放在心窝处，徐徐呼气。

第六节　哑巴哩巴啰

预备式

金刚盘腿，双拳在心窝交叉，呼气并守气。

功法图解

功法说明

而后，双手伸直，左手捂住后脑勺，在它的上面盖住右手，双肘在前面并拢，将其向中、右、左各弯三次，从而撞击胸部、肋间。

收式

金刚拳交叉，放在心窝处，徐徐呼气。

第七节 戈啰葛哩麻

预备式

金刚盘腿，双拳在心窝交叉，呼气并守气。

功法图解

功法说明

而后双手金刚相交，在心窝上方处直立并收紧，头部像马头向前方、右方、左方各弯曲三次。

收式

金刚拳交叉，放在心窝处，徐徐呼气。

第八节　臧得啰

预备式

金刚盘腿，双拳在心窝交叉，呼气并守气。

功法图解

功法说明

而后左右手交叉，紧紧抱住两肩膀，腹部紧靠脊梁骨，瞪眼的同时摇晃头部，在不解开金刚盘腿和抱住肩膀的情况下，将双肘用力伸展，盘腿挪到后方，胸部触地，双肘尽力伸向后方，而后坐起倒向后方，将后背和后脑勺触地，双肘尽力推向后方。如此进行三次。

收式

然后坐起，金刚拳交叉，放在心窝处，徐徐呼气。

第九节　悟巴孤啰巴

预备式

起立，身体挺直，在左脚膝盖上放好右腿膝关节，右脚掌放在左脚左侧，左脚背用右脚根压住，手放在左边地上，双拳在心窝交叉，呼气并守气。

功法图解

功法说明

然后，双手如同翅膀伸直，徐徐降下，弯至前额附近，左手背上用右手掌捂住，与头部一同降至膝盖上，盖住，相不分离。在此上面放置下巴，臀部下沉不触地，保持下蹲，然后，金刚拳在心窝处交叉，呼气；同样，右膝盖上，放置左膝关节，置于右脚右侧，做上述动作。

收式

金刚拳交叉，放在心窝处，徐徐呼气。

第十节 搒啰纳

预备式

金刚盘腿，双拳在心窝交叉，呼气并守气。

功法图解

功法说明

然后，双手盖住双膝，上身微微前俯，腹部向前鼓起，脊梁骨和手臂等在不弯曲的情形下，腹部向右和左各转动三次。

收式

金刚拳交叉，放在心窝处，徐徐呼气。

第十一节　初纳干立

预备式

起立，身体挺直，在左脚膝盖上放好右腿膝关节，右脚掌放在左脚左侧，左脚背用右脚根压住，手放在左边地上，双拳在心窝交叉，呼气并守气。

功法图解

功法说明

其它都与乌娃谷玛热（第九节）相同，手伸展收回时，在前额附近右手背用左手掌捂住，徐徐降下，双手不离地放在膝盖上，掌心向上，在此上面放置前额，静坐；左边也于此相同进行。

收式

金刚拳交叉，放在心窝处，徐徐呼气。

第十二节　后纳干立

预备式

金刚盘腿，双拳在心窝交叉，呼气并守气。

功法图解

功法说明

然后，右手向右伸直，而后胳膊肘弯曲拳击肋间，拳头垂直伸向左膝盖上，用左手从肩膀向下推拿；同样，左拳向左伸直，而后胳膊肘弯曲拳击了间，左拳捶置伸向右膝盖上方，用右手从肩膀向下推拿。

收式

金刚拳交叉，放在心窝处，徐徐呼气。

第十三节　新伽啰

预备式

金刚盘腿，双拳在心窝交叉，呼气并守气。

功法图解

功法说明

然后双膝向上矗立，脚尖相互交叉，双膝和腰部用禅带一起捆绑，而后金刚相交的手向上矗立，上下推拿胸部，双肘将双膝推向外方，双膝则把双肘向内推进，如同进行较量一般。

收式

金刚拳交叉，放在心窝处，徐徐呼气。

第十四节　等持印

预备式

金刚盘腿，双拳在心窝交叉，呼气并守气。

功法图解

功法说明

金刚盘腿，在脚后跟上面，双手以三摩定手印放上，双肘挺直，腹部向脊梁骨收紧，呼吸可顺其自然，打坐。此乃特殊，不能守气。

收式

金刚拳交叉，放在心窝处，徐徐呼气。

第十五节　巴辣拶屹啰

预备式

金刚盘腿，双拳在心窝交叉，呼气并守气。

功法图解

功法说明

然后把右手拇指放在右大腿内侧，手指伸向大腿外沿，手撑直，左手放置左腿之上，做法同上，在此基础上，头慢慢向右转动三次，向左转动三次。

收式

金刚拳交叉，放在心窝处，徐徐呼气。

第十六节 哑麻啰纳

预备式

金刚盘腿，双拳在心窝交叉，呼气并守气。

功法图解

功法说明

右手拇指放在脖子上，其他手指放置后脑勺，左手也相同，寻找喉咙受用脉，找到后用两个拇指压住，可摸到其脉瓣。

收式

金刚拳交叉，放在心窝处，徐徐呼气。

第十七节 哑巴哩巴啰

预备式

金刚盘腿，双拳在心窝交叉，呼气并守气。

功法图解

功法说明

而后左手掌捂住后脑勺，在它的上面右手也以同样情形放上，并紧贴后脑勺，左右推拿，此时胳膊肘伸直，不向前弯曲。

收式

金刚拳交叉，放在心窝处，徐徐呼气。

第十八节　阿哩怛捌别谷

预备式

金刚盘腿，双拳在心窝交叉，呼气并守气。

功法图解

功法说明

而后，双脚并拢，双膝收立，双手像禅带抱紧，再不解开的前提下，倒向右方、左方和前后方。（特别注意向疼痛之处倾倒一次。）

收式

金刚拳交叉，放在心窝处，徐徐呼气。

第十九节　孤麻纳乌

预备式

金刚盘腿，双拳在心窝交叉，呼气并守气。

功法图解

功法说明

而后右手从背后伸出抓住右脚拇指，左手从背后伸出抓住左脚拇指，脊椎骨挺直，仅此而已。

收式

金刚拳交叉，放在心窝处，徐徐呼气。

第二十节 遏遏纳左蓝

预备式

金刚盘腿，双拳在心窝交叉，呼气并守气。

功法图解

功法说明

而后，双手金刚相交，中指指尖相对，倒插在脑门，张嘴、瞪眼，腹部向脊椎骨紧缩。

收式

金刚拳交叉，放在心窝处，徐徐呼气。

第二十一节　动足底

预备式

金刚盘腿，双拳在心窝交叉，呼气并守气。

功法图解

功法说明

而后，双手从背后手掌撑地，双脚从前方脚掌触地，臀部向空中举起，在此基础上左脚向前伸直，收回、后跟踢臀，进行三次；同样，右脚触地左脚后跟踢臀，进行三次。

收式

金刚拳交叉，放在心窝处，徐徐呼气。

第二十二节　调顺五肢初肢头（摇头颈）

预备式

金刚盘腿，双拳在心窝交叉，呼气并守气。

功法图解

功法说明

调顺五肢第一肢，身直金刚盘腿坐，静静摇摆头和颈。

消除头病第一招。

收式

坐在垫子上，金刚拳交叉，放在心窝处，徐徐呼气。

第二十三节　五肢的运动调右肢（右手）

预备式

金刚盘腿，双拳在心窝交叉，呼气并守气。

功法图解

功法说明

金刚盘腿静心坐，左手跨在腰间处，右臂频频向外抖，

二肢能消左肢病。

收式

坐在垫子上，金刚拳交叉，放在心窝处，徐徐呼气。

第二十四节　五肢的运动调左肢（左手）

预备式

金刚盘腿，双拳在心窝交叉，呼气并守气。

功法图解

功法说明

如前随意盘腿坐，右手随意按住胯，左臂向左抖又抖，能够消除左肢病。

收式

坐在垫子上，金刚拳交叉，放在心窝处，徐徐呼气。

第二十五节　五肢的运动调腹部

预备式

金刚盘腿，双拳在心窝交叉，呼气并守气。

功法图解

功法说明

盘腿双手压膝盖，端端正正头不动，摇动腹部如摆布，能消腹部不适症。

收式

坐在垫子上，金刚拳交叉，放在心窝处，徐徐呼气。

第二十六节　五肢的运动调足部

预备式

金刚盘腿，双拳在心窝交叉，呼气并守气。

功法图解

功法说明

站立双手抱心窝，右足前后使劲抖，双足轮流换着抖，能消大腿小腿病。

收式

坐在垫子上，金刚拳交叉，放在心窝处，徐徐呼气。

第二十七节　款萨巴忌（白鹅翎）

预备式

金刚盘腿，双拳在心窝交叉，呼气并守气。

功法图解

功法说明

而后两拳头并拢插在地上，双肘相靠挺直，其上依附全身重量，双脚缩回，举至双肘附近并坚持。

收式

金刚拳交叉，放在心窝处，徐徐呼气。

第二十八节　款萨鹅

预备式

金刚盘腿，双拳在心窝交叉，呼气并守气。

功法图解

功法说明

在金刚盘腿的膝盖窝内插进双手，支撑全身重量，双脚缩回，上身伸直并坚持。

收式

金刚拳交叉，放在心窝处，徐徐呼气。

第二十九节　巅械轮

预备式

金刚盘腿，双拳在心窝交叉，呼气并守气。

功法图解

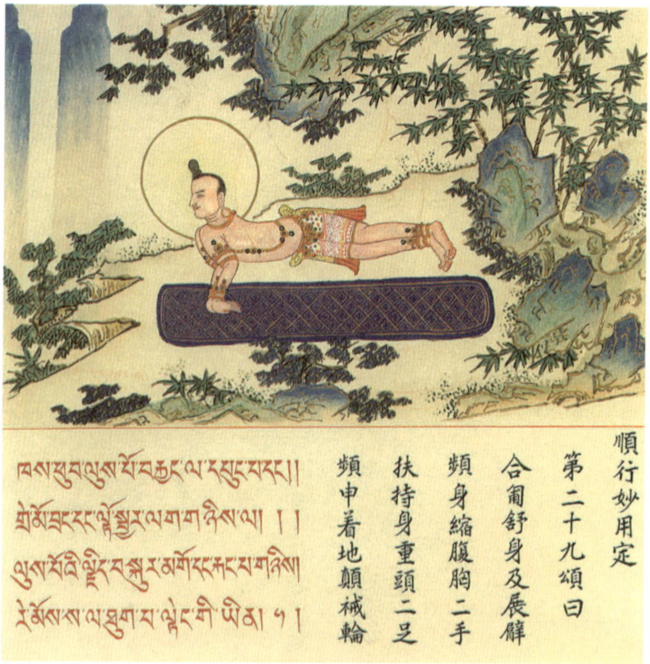

功法说明

解开盘腿，蹬地站立，双拳并拢支地，双肘顶胸，支撑全身重量，双脚向后方并拢伸直；而后，抬双脚，前额触地一次，然后又抬前额双脚触地一次，如此进行三次。

收式

金刚拳交叉，放在心窝处，徐徐呼气。

第三十节　昆巴瓶轮

预备式

金刚盘腿，双拳在心窝交叉，呼气并守气。

功法图解

功法说明

从膝关节内侧伸进双拳，低头，用双手拇指和食指揪住两个耳朵并坚持。如果从膝关节内侧伸进有困难，双手从双膝盖外侧抱住，揪耳朵。

收式

金刚拳交叉，放在心窝处，徐徐呼气。

第三十一节　水兽轮

预备式

金刚盘腿，双拳在心窝交叉，呼气并守气。

功法图解

功法说明

双手在后脑勺交叉维持。

收式

金刚拳交叉，放在心窝处，徐徐呼气。

第三十二节　狮子解脱

预备式

金刚盘腿，双拳在心窝交叉，呼气并守气。

功法图解

功法说明

双手食指封闭眼睛，中指封闭两鼻孔，小指和无名指封闭嘴唇，拇指将双耳折向里面封闭，双肘伸直，在此情形下上身向右转动三次，向左转动三次；然后，用力将气呼出，张嘴瞪眼，发出强烈赫声，双手向翅膀一样张开，头部和上身猛烈抖动，同时进行。

收式

金刚拳交叉，放在心窝处，徐徐呼气。

附表：顺行三十二节瑜伽功

序号	藏文名称	汉文名称	异名	功效	备注
1	ཛཱ་ལན་དྷ་ར།	拶蓝多罗		能治血液、消化不良、溃疡病等	
2	ཧཾ་ས་ས་ཏུ་ཀ།	款萨巴都葛		对肢节病和眼疾有好处	
3	ཨཱུ་ཊི་ཡ་ན།	卧帝耶纳		能除痰病和手臂疼痛	
4	པད་མ་རྡོ་རྗེ།	金刚莲		延年益寿治肠胃病	
5	ཙོཾ་རང་གི།	卒蓝伽		消化不良、肠胃病、腹泻并克服疲劳	
6	ཨ་པར་ས་ར།	哑巴哩巴啰		能增力，除头病	
7	གོཾ་ར་ཀརྨ།	戈啰葛哩麻		养身并将克服一切病	
8	ཛཾ་ཊ།	臧得啰		张腹、痞块、消化不良	
9	ཨུ་བ་ཀུ་མ་ར།	悟巴孤啰巴		增暖除风	
10	ཙ་ལ་ན།	拶啰纳		消除腹内疾患	
11	ན་བ་ལི་གོང་མ།	初纳干立		大暖	
12	ན་བ་ལི་གཉིས་པ།	后纳干立		大暖祛积和消化不良	

序号	藏文名称	汉文名称	异名	功效	备注
13	སེངག་ཡི།	新伽啰		能除头病、眼疾、气不顺	
14	མཉམ་བཞག་ཕྱག་རྒྱ།	等持印		除疲劳、体内紊乱、肠胃不适等疾病	
15	བ་ལ་ཙ་ཀྲ།	巴辣捞屹啰		除口唇和头部的一切疾病	
16	ཨ་མ་ར་ན།	哑麻啰纳		能除死亡尽快生禅定	
17	ཨ་པར་པ་ར།	哑巴哩巴啰		头病、消化不良、呕吐等疾病	
18	ཨཱར་ཏ་ཧྲ་ཕེ།	哑哩怛捌别谷		所有疼痛和积食不消化病	
19	ཀྲུ་མ་ན་ཝ་པ།	孤麻纳乌		所有疾病，对脚病效果尤为明显	
20	གཾ་ག་ཙཱྃ་རཾ་གི།	遏遏纳左蓝		能除一切风息病	
21	རྐང་མཐིལ་སྦྱོད་པ།	动足底		能除脚病	
22	མགུལ་དང་མགོ་བོ་བསྒྱུར།	调顺五肢初肢头		除头部和颈部的疾患	
23	ལག་གཡས།	调顺右肢		除右肢疾患	
24	ལག་གཡོན།	再调左肢		除左肢疾患	
25	བདལ་གྱིས་གཙུ་བས།	调腹部		能除体腔之内病患	
26	རྐང་པ།	调双足		能小大小腿和足部疾患	
27	ཧཾ་ས་པ་ཀྲི།	款萨巴都忌（白鹅）	ངང་པའི་གཞོག་པ་	所有脉络疾病	
28	ཧཾ་ས་པ།	款萨鹅轮	ངང་པའི་འཁྲུལ་འཁོར་།	所有脉络疾病	
29	ཏེམ་གི།	巅械轮		上下全身疾病	
30	ཀུམ་པ།	昆巴瓶轮	བུམ་པའི་འཁྲུལ་འཁོར་།		
31	ཀུར་མ།	水兽轮	ཆུ་སྲིན་འཁྲུལ་འཁོར་།	所有心病	
32	སེང་གེ་རྣམ་གྲོལ།	狮子解脱		消除头部疾患、消化不良和呕吐	

7

藏族传统健身方法中的按摩疗法

——身体各部位调治法[①]

布敦·仁钦珠是藏族著名历史学家、翻译家，藏传佛教高僧、布敦教派的创始人，也是当今流传于世的藏传佛教大藏经《甘珠尔》和《丹珠尔》的最终审定人，被誉为“一切知”，有众多的翻译作品和著作。这里介绍的布敦·仁钦珠“身体各部位锻炼方法”是其“六支加行运动法”中的一部分。身体各部位锻炼法就是对全身某一部位进行按摩或活动，以达到治病、防病的目的。共有二十四节，每一节文字非常简单，包含两部分内容：一是按摩或锻炼的部位；二是按摩、锻炼的效果。文中没有说明这二十四节如何进行，也没有介绍具体的操作方法。这正好说明这些按摩或

① 见民族出版社《藏密气功典籍选编》(གསང་ཆེན་ཐབས་ལམ་ཉེར་མཁོ་རྣལ་འབྱོར་སྙིང་ནོར), 195 页。布敦·仁钦珠(བུ་སྟོན་རིན་ཆེན་གྲུབ)在《六支加行运动法》(སྦྱོར་བ་ཡན་ལག་དྲུག་གི་འཁྲུལ་འཁོར)中，介绍了身体各部位的 24 节锻炼方法(གནས་ཀྱི་སྦྱངས་པ་ཉི་ཤུ་རྩ་བཞི)。布敦·仁钦珠意为宝成，精通五明，修学兼优，为昔日西藏佛教界一代名师，著名史学家。生于藏历第五饶迥金虎年(1290 年)三月二十四日。祖父、父亲均为宁玛派僧人。从幼年起即跟随母亲和规范师学习藏文知识和历算学。8 岁时，将祖父处所有的宁玛派经典全部学完，同时还学习了藏医学和工巧明。18 岁，受出家戒和沙弥戒，学习《般若》《律经》《量释论》等一些佛学论典。他博学强记，加上惊人的雄辩才能，一时名扬卫藏，成为僧俗公认的学者。23 岁，受了比丘戒，拜师学习声明论、修辞学、诗论、戏剧等，尤其是学习和掌握了翻译技巧，为撰写、编译打下了坚实的基础，同时还遍访名师，学习了梵文、克什米尔文等几种文字。相传他用梵文撰写的几部著作后来收藏于夏鲁寺。学通显宗诸论后，转入学习《吉祥时轮经》等密宗经典。为了修习密宗，他将洞门用泥封起来，专心修炼。31 岁，赴夏鲁寺担任寺主，创建了密宗经院和显宗经院，大兴弘扬佛教正法之风，成为夏鲁派也称布敦派的祖师。作为大译师，他将以前译师们由梵译藏的译文典籍进行审阅和修订，宗喀巴大师将他修订过的经典视为范本。对西藏所传的密典重新做了分析鉴别和整理工作，并对许多显密经论作了注释。后又将纳塘版《甘珠尔》和《丹珠尔》大藏经重新修订编纂，后来的藏文大藏经版本基本上以此为依据。他又是历史学家。他所著《布敦佛教史》，是一部著名的史书，全书前半部讲印度、尼泊尔佛教弘传的历史，后半部讲西藏佛教传播发展的过程，最后部分是纳塘版《甘珠尔》《丹珠尔》大藏经总目录，并附录 190 多位印藏翻译大师的名单。他的著作很多，有关历史、对法、律经、般若、中观、量释、声明、星算、秘典等大小五明论方面的著作和注释、译作共计 26 函、二百余种。他先后在西藏各地讲经说法，弘扬佛法，亲传弟子超过 2500 人，其中不少是著名译师和学者，包括向宗喀巴大师传授过密法的达罗·喜饶仁钦在内。他一生博览群书，学识宏富，因此被藏传佛教界誉为“一切知”。布敦大师于藏历第六饶迥之木龙年(1364 年)六月二十一日圆寂。

锻炼既可以作为防病措施，应做完全套、经常坚持；也可因人而异、各取所需，不必千篇一律，也不必循规蹈矩。也就是说，依据情况，可随意选择其中一节或几节进行按摩或锻炼，也没有时间的限定。我之所以把其归入藏族传统健身方法中的按摩疗法，是因为这一健身方法主要是按摩，其他运动形式为数甚少。这样既简单又适用的保健方法，很值得向读者介绍。下面按原文顺序进行翻译，并对部分不太常用的词语进行注释，以便了解其内容。

第一节　按摩耳朵

一要按摩右耳，左耳也一样。对皮下进风有效。

第二节　转动双目

二要使劲转动双目并引向四方，对防止流泪有效。

第三节　按摩鼻尖

三要按摩并拉一拉鼻尖，对肠道疾病有效。

第四节　舌头伸四方

四要把舌头伸向四方，对脑部疾病有效。

第五节　点头

五要点头三次，对肿胀病有效。

第六节　按摩头顶

六要使劲按摩头顶，对手脚不便者有效。

第七节　按摩后脑勺

七要双手交叉按摩后脑勺，对须发脱落有效。

第八节　按摩眉间

八要使劲按摩眉间，对骨头疼痛者有效。

第九节　左右摇头

九要左右摆动头部，对牙病患者有效。

第十节　抖动双肩

十要按摩、抖动和摇摆双肩，对心脏病患者有效。

第十一节　按摩腋窝

十一要按摩左右腋窝，对眼病患者有效。

第十二节　按摩乳房

十二要按摩并且摇动乳头，对胆病患者有效。

第十三节　转动肚脐

十三要转动并抖动肚脐，对大腿病和胃病患者有效。

第十四节　张闭嘴巴

十四要紧闭、使劲张开嘴巴，可消除腹部疾病。

第十五节　转动脖子

十五要摆动并按摩脖子，可消除肚脐病。

第十六节　抖动胸部

十六要使劲抖动胸部，可消除大小便不畅疾病。

第十七节　张开大腿

十七要使劲张开大腿根部，可消除脑囟门病痛。

第十八节　收放肛门

十八收放肛门，可消除胃逆病。

第十九节　按摩脚背

十九要使劲按摩脚背，可消除腰部扭伤。

第二十节　按摩小腿

二十要使劲按摩小腿，可消除气病。

第二十一节　按摩大腿

二十一要使劲按摩两大腿，消除多血病。

第二十二节　转动肚脐

二十二要转动肚脐，可消除息肉（？）疾病。

第二十三节　母虎呕吐

二十三要做母老虎呕吐状，积多可消除气积脉眼的疾病。

第二十四节　按摩全身

二十四按摩全身，可消除脉道僵硬和风息积郁之病。

以上是体内各大部位的调治方法。

附：布敦的身体各部位锻炼方法表（按摩疗法）

序号	藏文名称	汉文译名	功效	备注
1	རྣ་བ་གཡས་གཡོན་མཉེ།	耳朵按摩	皮下进风	
2	མིག་གཉིས་རབ་ཏུ་བསྒྲིལ་ནས་ཕྱོགས་བཞིར་དྲངས།	转动双目	流泪	
3	སྣ་རྩེ་མཉེ་ཞིང་འཐེན།	鼻尖按摩	肠道疾病	
4	ལྕེ་བརྐྱངས་ཕྱོགས་བཞིར་དྲངས།	舌头伸四方	脑部疾病	

序号	藏文名称	汉文译名	功效	备注
5	མགོ་ལྡོགས།	点头	肿胀病	
6	སྤྱི་གཙུག་དྲག་ཏུ་མཉེ།	头顶按摩	手脚不便	
7	ལག་སྤྲེལ་ལྟག་པ་མཉེ།	按摩后脑勺	须发脱落	
8	སྨིན་མཚམས་དྲག་ཏུ་མཉེ།	按摩眉间	骨头疼痛	
9	མགོ་བོ་གཡས་གཡོན་གཙུ།	左右摇头	牙病患者	
10	ཕྲག་པ་མཉེ་བསིག་བསྐྱོད།	抖动双肩	心脏病	
11	མཆན་ཁུང་གཡས་གཡོན་མཉེ།	按摩腋窝	眼病	
12	ནུ་མ་མཉེ་ཞིང་བསྐྱོད།	按摩乳房	胆病	
13	ལྟེ་བ་བསྐོར་ཞིང་སྤྲུག	转动肚脐	大腿病和胃病	
14	ཁ་བསྡམས་དྲག་ཏུ་དབྱེ།	张闭嘴巴	腹部疾病	
15	མགྲིན་པ་གཙུ་ཞིང་མཉེ།	转动脖子	肚脐病	
16	སྙིང་ག་དྲག་ཏུ་སྤྲུག	抖动胸部	大小便不畅	
17	འདོམས་གཉིས་རབ་ཏུ་བགྲད།	张开大腿	脑囟门病痛	立式
18	བཤངས་ལམ་འཐེད་འཛུམ་བྱ།	收放肛门	胃逆病	
19	བོལ་གོང་དྲག་ཏུ་མཉེ།	按摩脚背	腰部扭伤	
20	བྱིན་པ་རབ་ཏུ་མཉེ།	按摩小腿	气病	
21	བརླ་གཉིས་རབ་ཏུ་མཉེ།	按摩大腿	多血病	
22	རྒྱ་མཚོ་རབ་གནས་ནས་བསྐྱོད།	转动肚脐	息肉（？）疾病	
23	སྟག་མོ་སྐྱུག་སྟངས་བྱ།	母虎呕吐	气积脉眼的疾病	
24	ལུས་པོ་ཐམས་ཅད་མཉེ།	按摩全身	脉道僵硬和风息积郁	

8

藏族传统健身方法中的运动疗法

——二十节练身法

瑜伽师赤美维色也有一篇健身方法的文章，叫做《如意宝藏之要义教授法深奥金刚要义》（ཡིད་བཞིན་མཛོད་ཀྱི་དོན་ཁྲིད་ཟབ་དོན་རྡོ་རྗེ་སྙིང་པོ），其中的练身部分称为《二十节练身法》（ལུས་སྦྱོང་པ་ཉི་ཤུ）[1]。文中对每个动作都有作用和功效的说明。虽然具体运动方法和练法介绍得不够详细，但都比较简单且容易操作。所以，将它作为藏族传统健身方法中的运动疗法，进行翻译和注释，便于读者参考和练习。之所以把它称作运动疗法，首先从运动角度讲，这个练身法由二十节不同的动作或运动组成，这些动作或运动有手和手臂的、有胸部和腰部的、也有脚板和腿部的，同复杂健身操在节数上一致，而且许多动作也有相同之处。每一种动作或运动，每次做几次也没有具体要求，可以根据实际情况，能达到运动目的即可。之所以说是疗法，是因为文中把动作或运动的目的或结果都落在了消除疾病上。这里所说的疾病，按藏语原文既可以理解为疾病，也可以理解为疼痛，两者均可。总之，经常做这一练身法，有病可以治病，无病可以健身。

第一节　双手相抱

盘坐，双手做相互拥抱状，可消除肢节疾病。

第二节　涂擦法

以涂擦方式进行按摩，可使全身发热。

---

① 关于瑜伽师赤美维色（རྣལ་འབྱོར་དྲི་མེད་འོད་ཟེར）的生平资料，还没有找到。但是从名前冠以瑜伽师称号的情形看，他在修炼瑜伽功方面很有成就。他所写的《如意宝藏之要义教授法深奥金刚要义》（ཡིད་བཞིན་མཛོད་ཀྱི་དོན་ཁྲིད་ཟབ་དོན་རྡོ་རྗེ་སྙིང་པོ）收入民族出版社1991 年出版的《藏密气功典籍选编》一书。

第三节　手指交叉朝胸

手指相交，朝向胸部，向外牵引，可消除胸部疾病。

第四节　扭肩抖手

扭动肩膀，手臂向右、左抖动，可消除肩部疾病。

第五节　握拳外甩

双手握拳，从胸部甩向外面。此可消除肉皮及黄水疾病。

第六节　双手抱肩

双手交叉于双肩收紧，全身扭曲，可消除腰病。

第七节　手拉双脚

双脚伸直，用两手拉两个脚板，可消除筋络病。

第八节　双手挽弓

双手如同弯弓，可消除手关节和肩胛骨之疾病。

第九节　握拳前挥

双手握拳，向前如同山倒，可消除上身肥胖和手心肉的疾病。

第十节　前俯后仰

身体前俯后仰，可消除肾病、脾脏病。

第十一节　拇指相交放头顶

双手小拇指相交，两中指垂直放在头顶，可消除肋骨疾病。

第十二节　内收肚脐

肚脐向内收紧，可消除消化不良、胃病。

第十三节　四肢触地再点头

四肢触地、点头，可消除肢节和支肢节的疾病。

第十四节　四支触地左右望

四肢触地，左看右望，可消除细脉管疾病。

第十五节

俯卧、伸脚、手掌触地、手肘顶胸，可消除上身内外疾病。

第十六节

向右、左点头并转动，可消除脖子和后颈疾病。

第十七节　双手交叉置头顶

双手交叉放在头顶，可消除上身疾病。

第十八节　仰卧合掌

膝盖并拢朝天仰卧，合掌直接触及头顶，可消除脚关节和手部疾病。

第十九节　双脚伸缩

双脚轮流接至胳膊肘关节内，伸缩按摩，可消除小腿疾病。

第二十节　双脚放双膝

双脚脚板轮流放在双膝之上，一只脚立地，双手合掌，可消除全身上下疾病。

附：赤美维色的二十节练身法表

序号	藏文名称	汉语译名	功效	备注
1	སྐྱིལ་ཀྲུང་བཅས་ཏེ་ལག་པ་འཁྲུད་པའི་ཚུལ།	双手相抱	肢节疾病	坐式
2	བསྐུ་བསྐྱེའི་ཚུལ་དུ་འཕུར་རོ།	涂擦方式进行按摩	可全身发热	
3	སོར་མོ་བསྣོལ་ལ་བྲང་ལ་བཏད་དེ་ཕྱིར་འཐེན་པ།	手指相交从胸部朝外牵引	胸部疾病	
4	དཔུང་པ་གཙུས་ལ་ལག་པ་གཡས་དང་གཡོན་དུ་སྤྲུགས་པ།	扭动肩膀手臂向左右抖动	肩部疾病	
5	ལག་པ་གཉིས་བྲང་ནས་ཁུ་ཚུར་བཅས་པ་ཕྱིར་འཕངས་པ།	双手握拳从胸部甩向外面	肉皮及黄水疾病	
6	ལག་པ་གཉིས་དཔུང་གཉིས་ལ་བསྣོལ་བསྡམས་ཏེ། ལུས་ཀུན་གཙུས་པ།	双手交叉于双肩收紧全身扭曲	腰病	

序号	藏文名称	汉语译名	功效	备注
7	རྐང་པ་གཉིས་བརྐྱངས་པའི་བྲང་པ་གཉིས་ནས་ལག་པ་གཉིས་ཀྱིས་འཐེན་པ།	双脚伸直从两脚板用手拉之	筋络病	
8	ལག་པ་གཡས་གཡོན་གཞུ་འགེངས་པ།	双手如同弯弓	手关节和肩胛骨之疾病	
9	ལག་པའི་ཁུ་ཚུར་གཉིས་མདུན་རི་འཕྱུལ་བའི་ཚུལ།	双手握拳，向前如同山倒	上身肥胖和手心肉的疾病	
10	ལུས་རྒྱབ་དང་མདུན་དུ་དགུག་པ།	身体前俯后仰	肾病、脾脏病	
11	ལག་པའི་མཐེའུ་ཆུང་གཉིས་ལུ་གུ་རྒྱུད་དུ་སྦྲེལ་ཏེ་མཛུབ་མོ་གཉིས་ཀྱིས་སྤྱི་ཚུགས་དྲང་པོར་བཞག་པ།	小拇指相交两中指垂直放在头	顶肋骨疾病	
12	ལྟེ་བ་ནང་དུ་འཐེན་པ།	肚脐向内收紧	消化不良、胃病	
13	རྐང་ལག་བཞི་ས་ལ་བཙུགས་ལ། མགོ་ཅོག་ཅོག	四肢手脚触地，点头	肢节和支肢节的疾病	
14	རྐང་ལག་བཞི་ས་ལ་བཙུགས་ལ། གཡས་དང་གཡོན་དུ་བལྟས་པ།	四肢手脚触地，左看右望	细脉管疾病	
15	ཁ་སྦུབ་རྐང་བརྐྱངས་ལག་མཐིལ་ས་ལ་བཙུགས་ཏེ་གྲུ་མོ་བྲང་ལ་གཏད་པ།	俯卧、伸脚、手掌触地、手肘顶胸	上身内外疾病	
16	མགོ་ཅོག་གཡས་དང་གཡོན་གཡོན་དུ་བསྐོར་བ།	向右左点头并转动	脖子和后颈疾病	
17	ལག་པ་གཉིས་བསྣོལ་ལ་སྤྱི་བོར་བཞག་པ།	双手交叉放在头顶	上身疾病	
18	པུས་མོ་གནམ་དུ་རེང་ངེ་གན་རྐྱལ་དུ་ཉལ་བའི་སྤྱི་བོར་ཐལ་མོ་ཐད་དྲང་དུ་སྦྱར་བ།	膝盖并拢朝天仰卧合掌直接触及头顶	脚关节和手的疾病	
19	རྐང་པ་གཉིས་རེས་མོས་སུ་ལག་པའི་གྲུ་མོའི་ཁུག་དུ་བླངས་ཏེ་བརྐྱངས་བསྐུམ་བྱུགས་པ།	双脚轮流截至胳膊肘关节内伸缩按摩	小腿疾病	
20	རྐང་པ་གཉིས་ཀྱི་མགོ་པུས་མོ་གཉིས་ཀྱི་སྟེང་དུ་རེ་མོས་སུ་བཞག་ཅིང་། ཡ་གཅིག་ས་ལ་བཙུགས། ཐལ་མོ་སྦྱར་བ།	脚板轮流放在膝盖上一只脚立地双手合掌	全身上下疾病	

9

藏族传统健身方法中的全身运动

——五根本风注重法

布敦·仁钦珠的《五根本风注重法》[①] 收入《藏密气功典籍选编》一书。[②] 布敦在其文章的最后写道："这一练身运动，由比丘仁钦珠编著。望此一善举能使所有众生，消除全身紊乱之疾病。"他还说："从印度传承这一练身法的前人们，将它隐瞒了一部分，又散失了一部分，而我布敦·仁钦珠则将其完整抄录于此，共计八十三节练身方法。"这是一套比较全面和系统的健身方法。那么，布敦大师又是怎样得到这套健身法的呢？据其介绍说："在日普法王的绘有坛城图案的密室内，将包括这一练身运动的锻炼方法在内的有关内容，传授给了导师江噶、比丘索南珠、上师杂雅达玛斯达三人，上师嘉瓦曲赤聂将其赠送给了确吉拜仁布切。他又传给了我。它的主要功效是什么呢？那就是：消除各种障碍、调理全身。"因此，布敦大师要求人们认真保存它、珍惜它。文中没有提到运气的要求，所以人们也无须考虑如何控制气息或运气的问题。下面，按原文做详细介绍。

一、上行风

功法介绍

转动头部拉头部，晃动头部点点头，摇摆头部共五节，便是上行风之注重法。

功法原注

第一节：转动头部，头部向右转动，然后向左转动。

第二节：拉动头部，头部向右、左上方牵引。

① རྩ་བའི་རླུང་གནད་དུ་བསྣུན་པ། 五根本风注重法。
② 民族出版社 1991 年出版，第 198—203 页。

第三节：晃动头部。

第四节：点点头，头部前后点动。

第五节：摇摆头部，头部向右、左摇摆。

二、持命风

功法介绍

转动上身扭上身，盘坐山倒全身满，靠背后，向前收，如是注重持命风。

功法原注

第一节：转动上身，上身左右转动。

第二节：扭动上身。

第三节：盘坐如山倒。

第四节：灌满全身，全身所有器官装满气。

第五节：靠背后、收在前。双手从背后支撑（手握乳房处），双肘向前收（手臂和双肩相接，胳膊肘各自伸直）。

三、平等风

功法介绍

腹部摇动思燃火，依膝抖腹贴后背，积蓄黄金等五节，这样注重平等风。

功法原注

第一节：腹部摇动思燃火。腹部向左右摇动，上面似燃烧。金刚盘腿，双手交叉，收紧中间关节，想象在脐下燃火，腹部左右转动。

第二节：撑膝。转动胃部，双手交叉。

第三节：抖腹。双手交叉，抱紧肾区，腹部上下抖动。

第四节：贴后背。下腹部贴近后背，胃部往下抖。

第五节：蓄金。蓄满金洲。腹部圆圆滚动，如同萨热赫（？）。

四、下行风

功法介绍

双脚左右向下抖，上下抖动立伸缩，躺着伸缩加跳跃，如是专注下行风。

功法原注

第一节：左右向下抖动。左右两脚向下抖动、单腿踢脚。

第二节：上下抖动。金刚盘腿式或心盘腿式（半跏趺式），随其自便。就地蹦跳。

第三节：站立伸缩。

第四节：躺着伸缩，犹如掌控四洲。

第五节：跳跃前进。

五、遍行风

功法介绍

脚向左右飞舞，又向前后飞舞，手臂向下垂伸，猛力甩动手臂，抛掷风之套索，如是注重遍行风。

功法原注

第一节：脚向左右飞舞。

第二节：脚前后飞舞。

第三节：手臂下垂伸直。

第四节：猛力甩手。

第五节：抛掷风的套索。右手握拳，使劲向头部转动三次，然后做如同投掷套索的动作。左边也相同。

六、全身

功法介绍

按摩全身伸三上，按摩头部又点头，转动双手捶背后，交手伸直缚六节，向后靠背向前收，扭动大海等各节，都以莲花座式进行。此可调和全身，驱除聚集的病灶。山岳晃动鸡爪触地，拉住双脚大拇指，以金刚盘腿进行。

功法原注

第一节：按摩全身，用双手按摩全身。

第二节：伸三上。伸头和举双手。

第三节：按摩头部。头部左右扭动并进行按摩。

第四节：点点头，点头、仰头。

第五节：转动双手，左右两手向内、向外转动。

第六节：捶击后背，用双手捶击后背。

第七节：扭住双手，双手手指相交并伸直。

第八节：缚六节。即：1. 双手合掌，手指相交，放在头顶、颈部和脖子上，扭曲身子；2. 双手从前面交叉，握住双肩，扭曲身子；3. 双手从前面交叉，抓住双腋下，扭曲身子；4. 双手从前面交叉，右手抓左肩，左手抓右腋下，扭曲身子；5. 又换位扭曲身子；6. 双手从背后交叉，抓腋下，扭曲身子。

第九节：背靠后。手腕触肩、双肘抵向背后。

第十节：向前收拢。手臂碰肩膀，向前收拢。

第十一节：扭动大海，大海即肚脐。气往上引，扭动腹部。

第十二节：山岳晃动，即双脚金刚盘腿。双手触地支撑身子重量，扭曲身子。

第十三节：鸡爪触地，即金刚盘腿。双手从膝关节内伸出并触地，双臂双肩相连，双肘同双肋收紧后方。

第十四节：拉住双脚大拇指。即金刚盘腿，双手从背后交叉，拉住脚拇指并扭曲身子。

结束语

这一练身运动，由比丘仁钦珠编著。望此善举使众生消除全身紊乱之疾病。从印度传承之前人，将它部分隐瞒，部分散失，吾布敦将其完整抄录。共计八十三节功法。这些是消除障碍的功法，应认真保存。在日普法王的绘有坛城图案的密室内，将包括这一练身运动的锻炼方法在内的有关内容，传授给了导师江噶、比丘索南珠、上师杂雅达玛斯达三人，上师嘉瓦曲赤聂将其赠送给了确吉拜仁布切。他又传给了我。

附：全身运动法表（布敦的《五根本风注重法》）

序号	藏文名称	汉文译名
1	གྱེན་རྒྱུ།	上行风
1-1-1	མགོ་བོ་བསྐོར།	头部转动
1-2-2	མགོ་བོ་འཐེན།	牵引头部
1-3-3	མགོ་བོ་སྤྲུག	晃动头部
1-4-4	མགོ་བོ་ལྩུག	前后点头
1-5-5	མགོ་བོ་བསྒྲིད།	摇摆头部
2	སྲོག་འཛིན།	持命风
2-1-6	རོ་སྟོད་བསྐོར།	转动上身
2-2-7	རོ་སྟོད་གཙུ།	扭上身
2-3-8	སྐྱིལ་ཀྲུང་རི་འཞུལ།	盘坐山倒
2-4-9	དབང་པོ་དགང་།	全身灌满
2-5-10	རྒྱབ་ཏུ་བཀན་ཞིང་མདུན་དུ་བསྡུ།	靠背后，向前收
3	མཉམ་གནས།	平等风
3-1-11	ལྟོ་བ་བསྒྲིད་དང་འབར་བྱེད།	腹部向左右摇动，上面似燃烧
3-2-12	པུས་བརྟེན།	撑膝
3-3-13	ལྟོ་འཁྲོག	腹部上下抖动
3-4-14	སྨན་གཙང་།	下腹部贴近后背，胃部往下抖
3-5-15	གསེར་བསྐྱིལ།	金满斗（腹部圆圆滚动，如同萨热赫）
4	ཐུར་སེལ།	下行风
4-1-16	གཡས་གཡོན་［རྐང་པ་］ཐུར་དུ་སྤྲུག་པ།	左右双脚向下抖
4-2-17	གཏུན་བརྫངས།	上下抖动
4-3-18	ལངས་པའི་བརྐྱང་བསྐུམ།	站立伸缩
4-4-19	ཉལ་བའི་བརྐྱང་བསྐུམ།	躺着伸缩

序号	藏文名称	汉文译名
4-5-20	མཆོང་རྒྱུག	跳跃
5	ཁྱབ་བྱེད།	遍行风
5-1-21	རྐང་པ་གཡས་གཡོན་ཕྲ་བ།	脚向左右飞舞
5-2-22	མདུན་དང་རྒྱབ་ཏུ་ཕྲ་བ།	又向前后飞舞
5-3-23	ལག་པ་དཕྱངས་ཕྲག་བརྐྱང་པ།	手臂向下垂伸
5-4-24	ལག་པ་དྲག་ཏུ་སྤྲུག་པ།	猛力甩动手臂
5-5-25	རླུང་གི་ཞགས་པ་འཕང་།	抛掷风之套索
6	ཐམས་ཅད་མཉེ།	全身
6-1-26	ཐམས་ཅད་མཉེ།	按摩全身
6-2-27	སྙིང་གསུམ་བརྐྱངས།	伸三上
6-3-28	མགོ་བོ་མཉེ།	按摩头部
6-4-29	མགོ་བོ་ལྷོག	又点头
6-5-30	ལག་པ་བསྐོར།	转动双手
6-6-31	རྒྱབ་བརྡུང་བྱ།	捶背后
6-7-32	ལག་པ་གཙུ་བཅིང་།	交手伸直
6-8-33	གནད་དྲུག་བཅིང་།	缚六节
6-9-34	རྒྱབ་ཏུ་བཀན།	靠向背后
6-10-35	མདུན་དུ་བསྡུ།	向前收拢
6-11-36	རྒྱ་མཚོ་སྤྲུག་པར་བྱེད་པ།	扭动大海（肚脐）
6-12-37	རི་བོ་བསྒྲུལ་བ།	山岳晃动
6-13-38	བྱ་རྐང་བཙུགས་པ།	鸡爪触地
6-14-39	མཐེ་བོང་གཉིས་ནས་འཐེན་པ།	拉脚拇指

10

六节根本运动法

——胜乐脐火和实现途径中的根本运动

这里介绍的关于玛尔巴[①]的三种健身方法，根据四川民族出版社 1995 年 12 月出版的《藏密气功》一书[②]中的有关章节翻译整理，原文题目是《胜乐耳传脐火和实现途径的运动》。实际上，玛尔巴在文中介绍的是《根本六法及分支三十九节运动》。[③]它是一篇完整的、但又是可以分解的文章。为了人们便于学习和理解，这里把它分解成脐火功十八节，其余的称之为二十一节运动。另外，萨班也曾有脐火观想二十四节的说法，[④]是不是脐火

① 玛尔巴（མར་པ་ལོ་ཙཱ་བ，1012 ~ 1097），藏传佛教噶举派达波噶举支派始祖。公元 1012 年出生在山南洛扎地区。本名却吉罗追，意译“法慧”。自幼养成了读书的习惯。15 岁，被父母送往萨迦派的卓弥·释迦益西译师处学习声明及梵文。卓弥译师尊重教法，非供多金，否则不传密法；玛尔巴向他供奉很多黄金，三年内即学通梵文。一次玛尔巴向卓弥译师借阅《空行母金刚帐本续》，遭到拒绝。羞惭之余，他产生了亲自到天竺学习密法的念头。随即卖掉了家中属于他的那份家产，筹集黄金 15 两，踏上了去天竺的道路。玛尔巴路经尼婆罗（尼泊尔）时，遇到了著名佛学大师那若巴的弟子，通过交谈，对那若巴产生了敬慕之情，决定前往拜师。经过一段艰难的旅程，玛尔巴找到了那若巴，将所带黄金奉献给了那若巴并拜其为师。那若巴遂收他为心传弟子，开始向他传授教义。在随那若巴大师学习期间，他掌握了欢喜金刚等法及一切圆满次第之教授。尔后，他又拜智藏、古古日巴、弥勒巴等为师，广泛、深入地学习了金刚密乘及其灌顶、加持、教授等。12 年后，他返回吐蕃，用几年的时间翻译了从天竺带回的梵文密宗教义的文稿，被人称为译师。他还在洛扎修了庄园、寺庙。11 世纪中叶，玛尔巴再次赴天竺学习 6 年。从天竺返回后，玛尔巴收米拉日巴为弟子。在传授密法期间，玛尔巴发现自己从印度带来的书稿中，还缺少有关“拙火定”（脐火）的注释，决定第三次到印度，找到这些教法。他的家人及徒众再三劝阻，但他不顾年事已高、路途艰难，仍深夜只身出走，长途跋涉到印度。在此，他遇到了正准备入藏的阿底峡大师。从大师处得知那若巴身染绝症，但玛尔巴仍不气馁，继续前往，终于得见那若巴，学到“拙火定”等教法，此次求学印度又是 3 年。总之，在他的一生中曾四次到尼泊尔，三次赴印度，历经千难万险，十三次险些丧命，但他仍百折不挠，求得佛法；他带回许多密宗经籍并进行翻译，如《无二尊胜大续》等，成为著名的大译师；他的弟子很多，其中最为著名的有米拉日巴、却吉多吉、粗敦·旺格多吉、梅敦村波、索朗坚赞等人，创立了藏传佛教噶举派达波噶举支派。玛尔巴于藏历第二饶迥阴火牛年，在洛扎卓窝垅逝世，享年 86 岁。

② 四川民族出版社 1995 年 12 月出版，图登彭措编。

③《胜乐耳传脐火和实现途径的运动》（བདེ་མཆོག་སྙན་རྒྱུད་ཀྱི་གཏུམ་མོ་དང་ཐབས་ལམ་གྱི་འཁྲུལ་འཁོར་བཞུགས་སོ），《根本六法及分支三十九节运动》（རྩ་བ་དྲུག་དང་ཡན་ལག་འཁྲུལ་འཁོར་སོ་དགུ）。

④ 见《萨班全集》第三卷第 281 页。

观想十八法加上十分重要的六节？与此同时，该书把口诀、解释和图例完全分开，对于学习和研究者十分不便。因此，本书把玛尔巴口诀中的“根本六法”、“脐火功十八节”和“分支二十一节”和各自的解释或说明文章相应做了调整。书中的插图是嘎玛泽朗绘制的，也按口诀和说明的顺序，分别插入各节。在口诀和说明之间，在文字和图例之间都存在不尽一致的地方，有的做了相应的调整，有的则留存质疑。玛尔巴在说明具体运动的方法前，介绍了进行这些运动的好处或功效。他说：能疏通脉络、消除障碍的最佳方案，能消除身上的一切疾病和邪魔，能证悟心灵意识的本质，能赐予一切变幻的功德！为了变成大乐明点的身躯，金刚语句的格言要义，六节根本及分支三十九节，耳传运动如同明镜记载于此。

预备式

首先要变成瑜伽化身的身姿，用甘露精华的药物擦全身，三要皈依四要发心，如意宝是头顶装饰，命力报身的约束要坚定，会见法身的本性，鼓吹世间风息的吹风袋，压住命力上引下行风，进行的运动如同平缓的嬉戏。

大乐六节根本运动是：

一、狮子嬉戏

功法介绍

狮子嬉戏盘腿坐，双手交叉收于脚，往上提起又放下，如此即可守明点。

功法图解

图 10—1

双脚盘腿，守瓶式气，双手尽力交叉，然后在发声的同时捏住拇指尖，撞击腋窝解开盘腿，满气空气各导引三次，瞪眼，搅气。如图 10—1。

二、大象漫步

功法介绍

大象漫步之运动，两脚之间留五指，左手之上放右手，臀部和胫尾摔九下，可将明点向上引。

功法图解

守瓶式气，然后站立，双脚间隔五指宽，双拳交叉，在左手之上放置右手，背气上引，满引三次，空引三次。

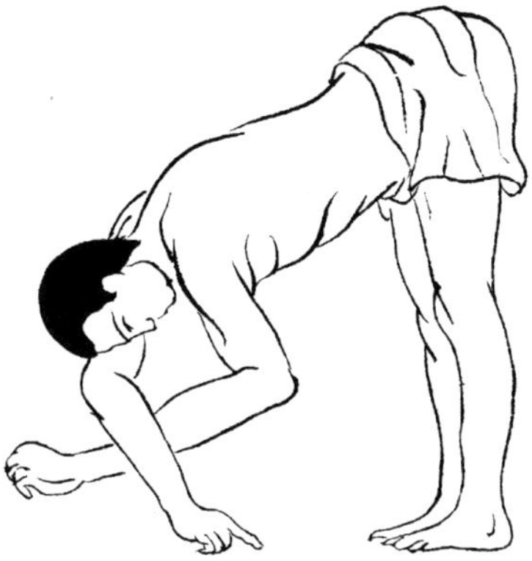

图 10—2

图 10—3

而后弯腰前后平直，臀部和胫尾摔三次。挺直后搅气。如图 10—2、图 10—3。

三、孔雀飞舞

功法介绍

孔雀飞舞的运动，双手揪住脚拇指，轮流敲打臀部和脚跟，明点可渗入全身。

功法图解

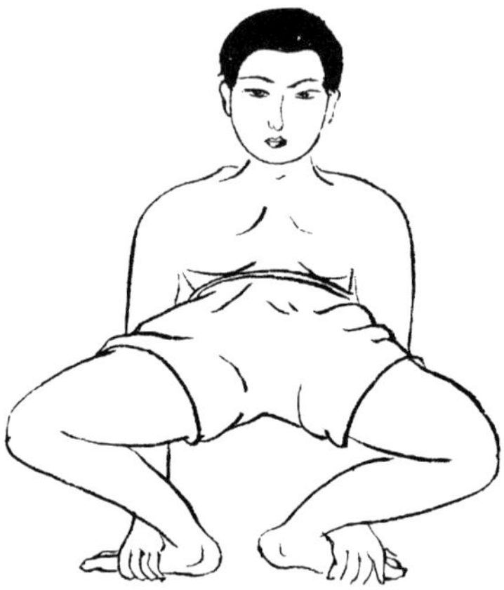

图 10—4

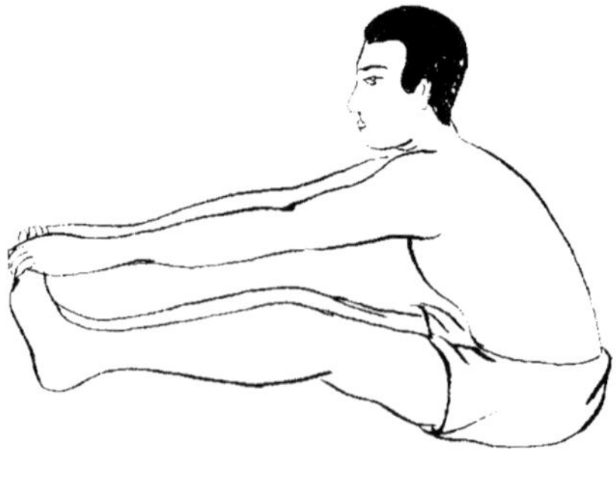

图 10—5

挺直后，双手揪住脚拇指气从后引。而后，臀部摔地、手脚朝天，脚收回、搅气。轮番进行。如图 10—4、图 10—5。

四、母虎呕吐

功法介绍

母虎呕吐的运动，从盘腿中间插进双手，提升上身做九次呕吐状，此可守住明点。

功法图解

图 10—6

抖动一次，而后将双手手掌向上，从盘腿中间插进，提升上身，做满引空引并发出哈声，做呕吐状九次，最后解开盘腿，搅动气息。如图 10—6。

五、乌龟缩头

功法介绍

乌龟缩头之运动，两脚之间留一肘，双手大腿中伸出，揪住双脚大拇指，可将明点向上引。

功法图解

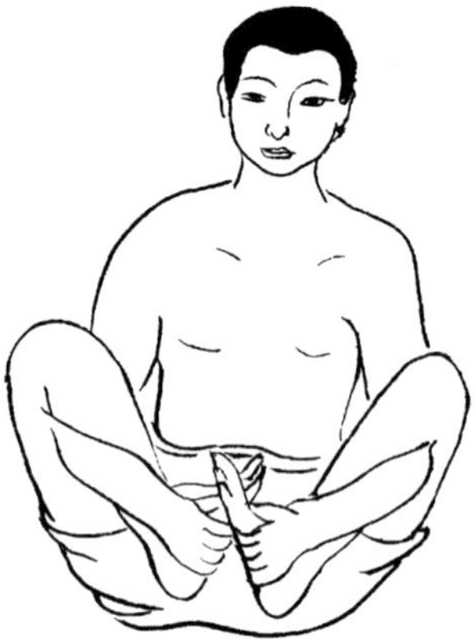

图 10—7

挺坐，气从前后满引空引三次，双手从大腿中间伸出，揪住双脚大拇指。如图 10—7。

六、大雕飞翔

功法介绍

大雕飞翔的运动，双脚轮流单腿行，双手十面抖又挥，如此即可收明点。

功法图解

图 10—8

图 10—9

守瓶式气，撑直，左脚立地，右脚踢生殖器，左手击肩。三次。

然后左右换脚，动作相同，双手向各个方向抖动、挥舞。如图 10—8、图 10—9。

功法说明

在进行这些运动时，泉水倒流举大旗，大海靠岩山岳惧，间歇时刻作狮子抖动状，歇息作平等手印，此能使明点变得坚固，风、胆和涎集聚，一切疾病不会染，脉结粗略可解开，可止明点由邪导致之泻，因病或因故而泄，自然而泻的情形，除了因事和冒渎晦气外，将下行的明点强行回归。观想对象可从上师嘴中知道，每日要不停修炼。

附：玛尔巴的六节根本运动表

序号	藏文名称	汉文译名	备注
1	སེང་གེ་རྩེ་བ།	狮子嬉戏	
2	གླང་ཆེན་འགྱིང་བ།	大象漫步	
3	རྨ་བྱ་འཕུར་བ།	孔雀飞舞	
4	སྟག་མོ་སྐྱུག་པ།	母虎呕吐	
5	རུས་སྦལ་བསྐུམ་པ།	乌龟缩头	
6	བྱ་རྒོད་འཕུར་བ།	大雕飞翔	

11

脐火运动十八法

——三十九节运动中的脐火部分

说到玛尔巴的脐火运动十八法[①]，还有一段动人的故事。大意是这样的：有一次米拉日巴[②]向玛尔巴请教脐火的有关问题。玛尔巴在自己从印度带回的所有密宗教法的书籍中寻找，怎么也找不到有关脐火运动的材料。他不顾自己年事已高，也不顾别人的劝阻，变卖所有家产，再一次去印度学习脐火功法。经过几年的艰苦努力终于学到了这一深奥的瑜伽功。这一故事说明脐火功法对于噶举传承来说是极其重要的，而且这个故事也给我们提供了一个信息：虽然玛尔巴翻遍自己的书籍都没有找到有关脐火运动的材料，可是没有去过印度的米拉日巴却知道这个功法。可见这一功法在当时已有不少人知道，而且已经产生了相当大的影响。我们看到，在萨迦传承的修炼方法中，脐火功法是重要的内容之一，萨迦传承的几乎所有人都谈到脐火问题，而且有详细的介绍和说明，正如我们在脐火观想十八法中介绍的那样。不过萨迦传承强调的是观想法；而玛尔巴则强调运动。

总论

脐火十八节运动，深奥实践记载为文字：克风息毛病运动一节，身姿为坐式运动四节，强行降温的运动两节，消除沉掉的运动两节，晚间睡觉的运动一节，行走时的运动两节，消除障碍的运动两节，导引明点的运动四节，以上共八段计十八节。

---

① 玛尔巴的《脐火运动十八法》（གཏུམ་མོ་འཁྲུལ་འཁོར་བཅོ་བརྒྱད）见四川民族出版社 1995 年 12 月出版的《藏密气功》（རྩ་རླུང་འཁྲུལ་འཁོར）11—20 页。

② 米拉日巴（མི་ལ་རས་པ）：玛尔巴弟子，藏传佛教噶举派创始人之一，著有《米拉日巴道歌》等。《米拉日巴传》详细而生动地记载了他的生平事迹，该传在藏族文学史上有很高的地位。

1 第一段，第 1 节 克服风息毛病的运动一节

功法介绍

克服风息毛病的运动是：前交叉像轮子转动，双脚金刚盘腿坐，两手拇指相交叉，摁住无名指双拳相连，连续扭动又扭动，缓慢长气呼九次，可消除气息之毛病。

功法图解

图 11—1

图 11—1：在运气不熟悉前，盘腿而坐，推拿脚跟三次。

图 11—2

图 11—2：解开盘腿，从左脚髁骨至髋骨进行推拿，右脚动作相同。

图 11—3

图 11—3：盘腿而坐，双手掌心摩擦三次，然后左手掌心在肩下内外按摩。右手动作相同。

图 11—4

图 11—4：双肩抖动，从颈部至双肩左右两边各按摩三次，转动指掌，最后做三次莲花式转动，停止。

图 11—5

图 11—5：身体挺直，手交叉使劲伸直，握拳摁住鼻子右边，连续进行三次呼吸，左边动作相同。然后双手插进大腿中间，三次。

图 11—6

图 11—6：轻气四遍。身姿为毗卢七法，在无意念状态下呼吸三次。

图 11—7

图 11—7：瓶式猛气。在呼呼的发声中，将气尽力留在外边，向内吸气尽力坚持住，然后从右左松气、腹腔内松气，徐徐呼气。

图 11—8

图 11—8：复杂调身。盘腿，守瓶式气。

图 11—9

图 11—9：守瓶式气，跃跃欲试地跳三次。

图 11—10

图 11—10：从右手肩部按摩，相互撞击腋窝。

图 11—11

图 11—11：然后左手抓住右手腕。

图 11—12

图 11—12：然后肩部摔打向上推拿，头部右左按摩三次，面部按摩三次，然后从左右肩膀推拿三次，侧内做三次莲花式转动。

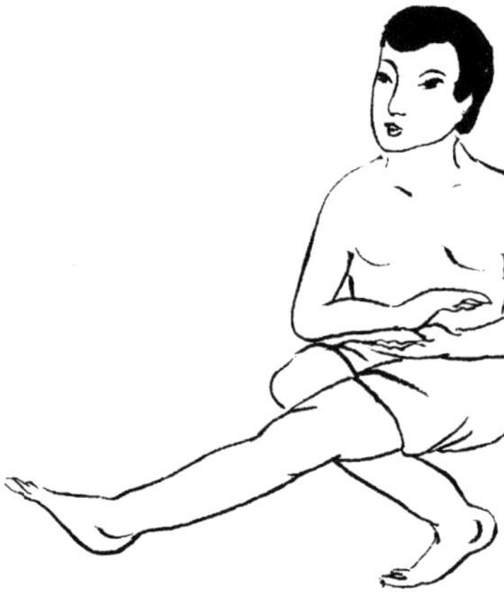

图 11—13

图 11—13：然后向侧内方向进行三次莲花式转动。最后转动时，跃跃欲试地伸出右脚，从脚尖至髋骨处转动三次。左边动作相同。

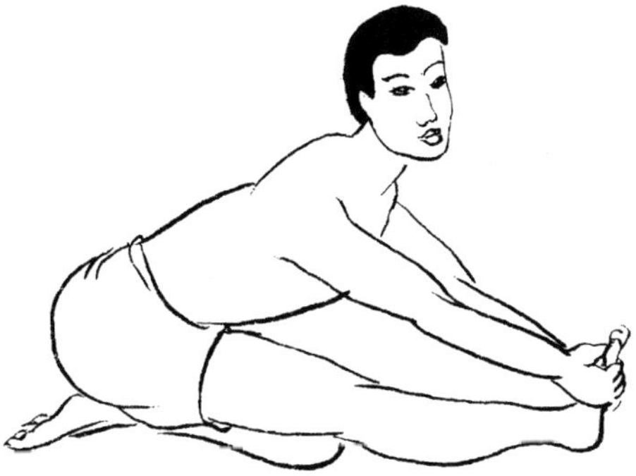

图 11—14

图 11—14：揉搓脚拇指。

图 11—15

图 11—15：然后左手抓住右脚掌，左膝突起，向右扭。左边动作相同。然后盘腿松气。

图 11—16

图 11—16：锻炼五肢。守瓶式气、扭动脖子。然后向左右前后撞击三次上身，脖子向右转动，左右扭动三次。

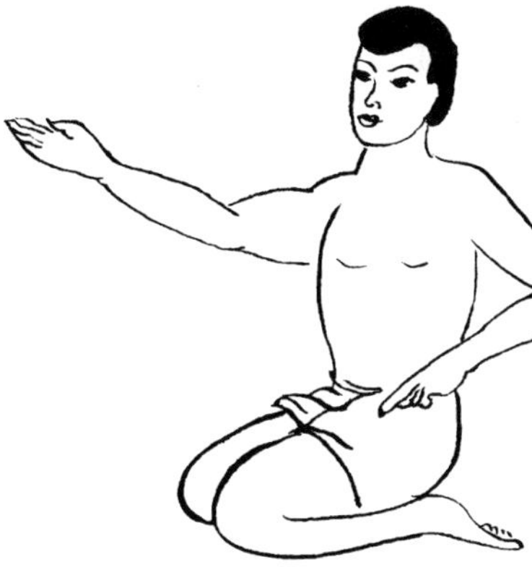

图 11—17

图 11—17：双膝跪地，左手叉腰，右手用力伸展三次，然后右手，然后双手同时进行，然后向十方用力伸展。

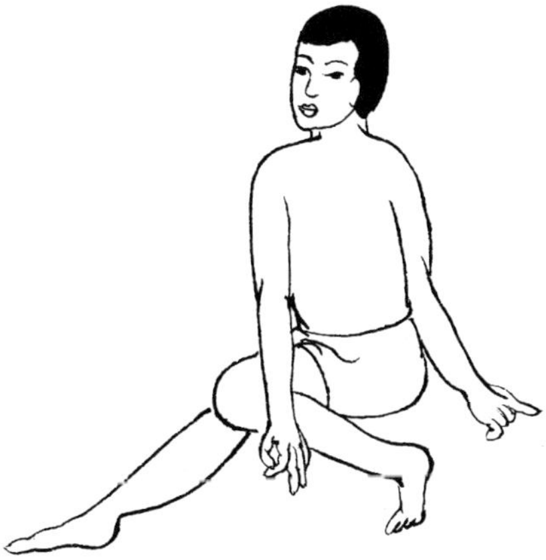

图 11—18

图 11—18：然后蹲式将双手和左脚触地，右脚伸展，脚尖向右左和中间伸直。左边动作相同。盘腿后松气。

图 11—19

图 11—19：射箭套索。守瓶式气，手掌使劲，伸展三次，在乳房处做挽弓状。左右手分别做三次。

图 11—20

图 11—20：然后右手使劲伸展三次，随后左手进行三次。松气。

图 11—21

图 11—21：转动轮子。守瓶式气，放置双手于膝盖处，腹部向左右转动三次，在中间转动三次。松气。

图 11—22

图 11—22：然后在满瓶的情形下，双手使劲伸出。

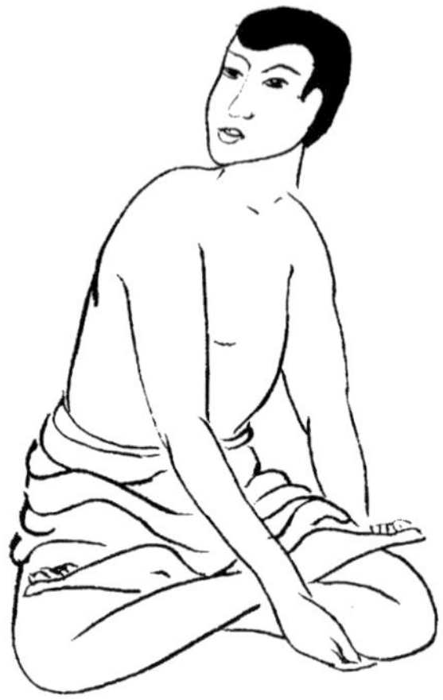

图 11—23

图 11—23：全身满气，上身右左扭动，做傲慢状。三次。

2　第二段，坐式运动四节　2-1-2　第 2 节　毗卢七法[③]

功法介绍

盘腿迪洛七法，也称毗卢七法，两足盘腿坐（跏趺），自然升起体温；双手在脐下四指处，紧紧结成定印；解开脉路生喜乐；脊椎骨节挺正直，风息守在处所里；颈部微俯如同钩，心尖向上产生无分别识；肩臂后张如雄鹰翅膀，其义风息疾病少；双眼凝视鼻子尖，观想对象更清晰；身心扭成响铜山，快乐暖流尽快升（舌尖抵上颚）。

③ 毗卢七法（རྣམ་སྣང་ཆོས་བདུན）：《藏汉大词典》称毗卢七法是两足跏趺、自然升温手结定印、脊椎正直、颈部微俯、肩臂后张、眼觑鼻尖、舌尖抵上颚。

功法图解

图 11—24

两足盘腿坐（跏趺）；双手在脐下四指处，紧紧结成定印；脊椎骨节挺直；颈部微俯如同钩；肩臂后张如鹰展翅；双眼凝视鼻子尖；舌尖抵上颚，如图 11—24。

2-2-3　第 3 节　结成空心结的运动

功法介绍

结成空心结的运动，要领如同前一节；双脚交叉蹲坐抱膝，功德如同前一节，此功更能暖全身。

功法图解

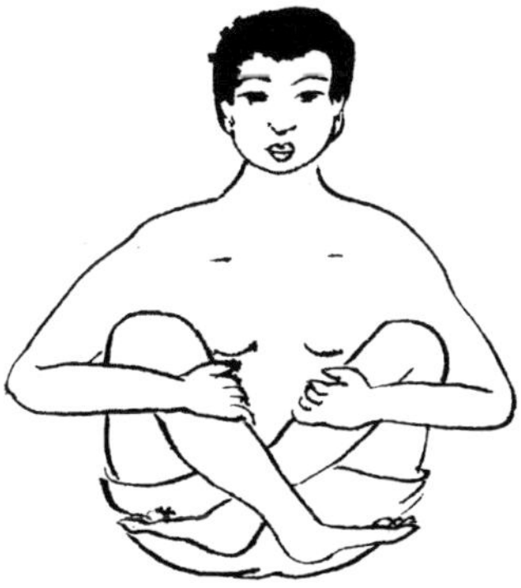

图 11—25

如同上述，做毗卢七法；然后端坐，右脚在外、左脚在内，双手抱住膝盖，然后伸腿气满全身，如图 11—25。

2-3-4　第 4 节　树木交叉运动

功法介绍

树木交叉运动，双脚交叉像格子，双手从腕关节处握紧，双双套住膝盖，寒冷疾病即可消失。

功法图解

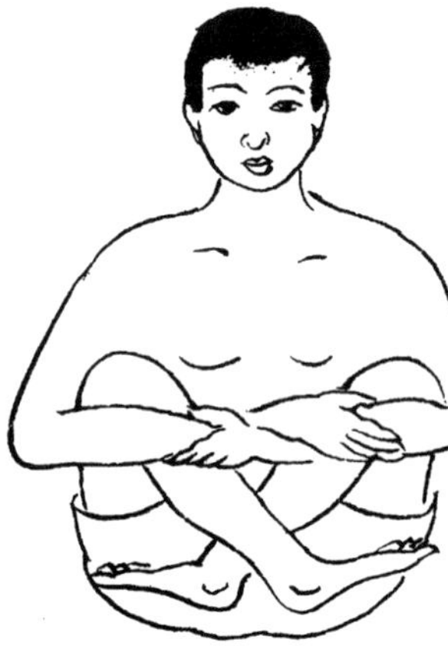

图 11—26

双脚交叉如同格子，双手从腕关节处握紧并套住膝盖。如图 11—26。

2-4-5　第 5 节　三尊交叉运动

功法介绍

三尊交叉运动，在左脚的脚背上，放置右脚膝盖窝，紧紧抱着两膝盖，可正扭曲的脉络，可将风息守命中。

功法图解

图 11—27

在左脚的脚背上，放置右脚膝盖窝，双手紧抱两膝盖。如图 11—27。

上述四节运动，称为坐式运动。空心结快速升温。

3　第三段　强行降温的两节运动　3-1-6　第 6 节　六结

功法介绍

上述运动的六结是，双脚要像格子一样交叉，双手从大腿中间交叉，捉住脚拇指左右转动，升温如同火一样燃烧，可根除消化不良的肿瘤，就能赤裸身体躺在冰雪中，强壮如同雄狮般。

功法图解

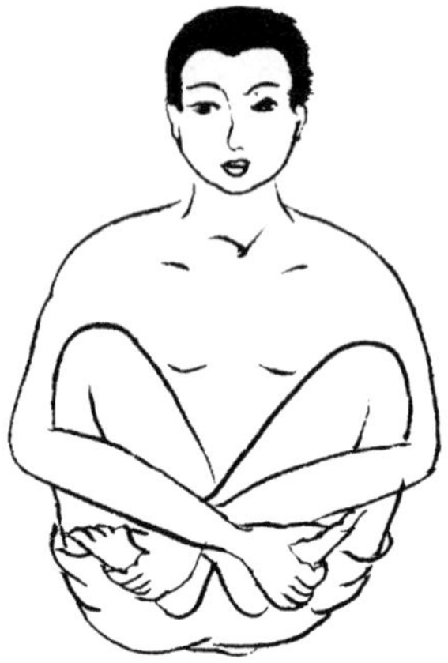

图 11—28

守瓶式气，双脚交叉如同格子；双手从大腿中间交叉，捉住脚拇指，左右转动。如图 11—28。

3-2-7　第 7 节　蛇鹏甩向要害处

功法介绍

蛇鹏甩向要害处，四个拇指支地，头部放置双膝间，尽其所能摇身子，功效与上节相同，可以止住淋漓的小便。

功法图解

图 11—29

站立，双手间隔五指宽，双脚间隔一肘宽，四个拇指支地，下身向左摆动三次，尽量能将头部放置双膝间，然后盘腿松气，如图 11—29。

4 第四段 消除沉掉的运动两节 4-1-8 第 8 节 老鹰飞翔

功法介绍

若昏沉，可像老鹰盘空中，高举双手腾空跃，观想空中有明点，反复呼气发出“啪嗒”声，可消除神志不清的昏沉。

功法图解

图 11—30

图 11—31

盘腿，高举双手腾空跃，观想空中有明点，口中发出三次“啪嗒”声。如图 11—30、图 11—31。（此一节有两个图解）

4-2-9 第 9 节 意念守宝瓶

功法介绍

若掉举，意念守住宝瓶，双手交叉放置膝盖上，须弥山（头）靠在手上，观想脚心有发光的明点，可消除精力分散和掉举。

功法图解

图 11—32

双手交叉放置膝盖上，头部放在手和膝盖中间，观想脚心有发光的明点，如图 11—32。

5 第五段 夜间入睡运动一节 5-1-10 第 10 节 母狼入睡

功法介绍

夜间睡觉的运动，称为母狼入睡。右手捂在肾脏上，膝胸相靠用左手抱紧，快乐的体温极度上升，夜间的（铺盖）只需盖棉布。

功法图解

图 11—33

守瓶式气，右肺触地，右手放在左肾上，膝盖贴胸前，用左手抱紧。如图 11—33。

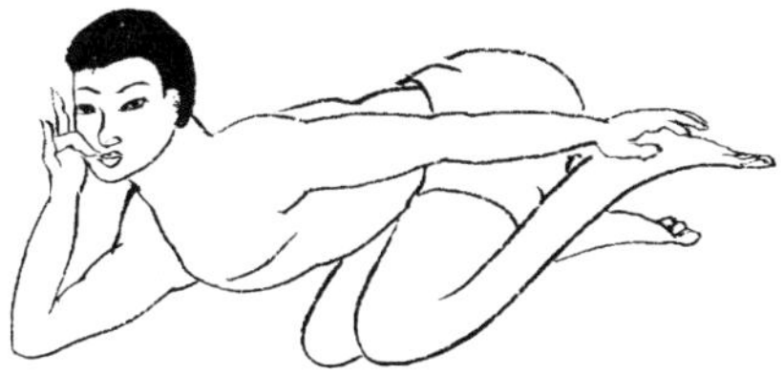

11—34

卧式同上，右手无名指捂住鼻孔，左手盖住臀部。如图 11—34。

6 第六段，行走时的运动两节 6-1-11 第 11 节 城堡落地

功法介绍

行走时的运动，称为如同城堡落地，仰躺手舞足又蹈，黄水就地漫游，明点吸收无疑，全身坚实变美丽。

功法图解

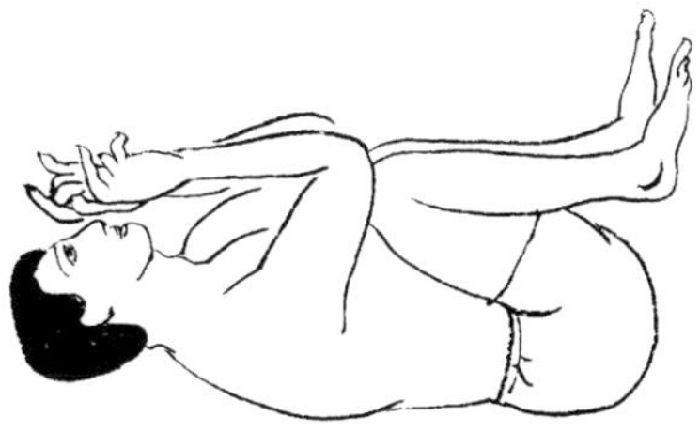

图 11—35

仰卧，四肢朝天伸展，全身抖动三次。如图 11—35。

6-2-12 第 12 节 鹞鹰轮放

功法介绍

鹞鹰轮放运动，不忘下行风要恪守，想象带翅膀的两个风仙女神，在腋窝下扶持。脚下风的轮子是：想象从两只弓形的上乘轮子上，飘扬的飞

幡在呼呼作响，双手握拳，右手抛向左脚前，左手偏向右脚方向，一人须走七天的路，一天就能到达。

功法图解

图 11—36

猛力守住下行风，站立，观想两个长着翅膀的风仙女从自己的腋窝下扶持，脚下有两辆像弯弓般上乘风轮，飞幡在呼呼飘扬。双手握拳，右手和左脚抛向前方时，左手和右脚抛向后方。如此轮番，就能走得快。如图11—36。

7　第七段　消除障碍的运动两节　7-1-13　第 13 节　狮子示威

功法介绍

狮子显示威风，盘腿膝盖上放置双手，身体反复伸缩，平和气息散明点，上身变得如同雄狮。

功法图解

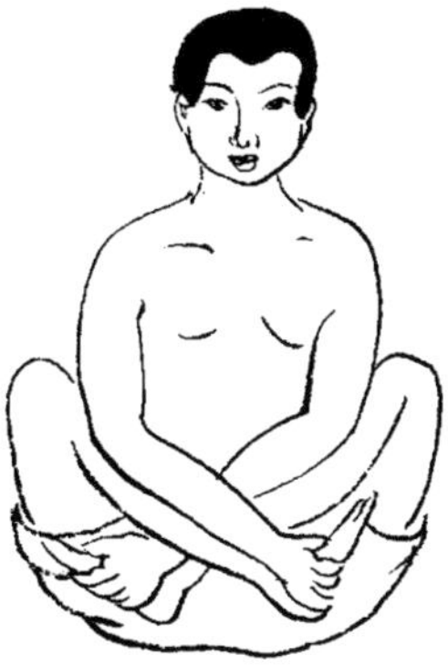

图 11—37

盘腿而坐，双手缠在膝盖上，如图 11—37。

图 11—38

嘴里发出“哌嗒哈哈”的声音搅动气息，如图 11—38。

7-2-14　第 14 节　狮子嬉戏

功法介绍

狮子嬉戏的运动，手指堵住口和耳，还有眼睛和鼻孔，上身转动如轮子，消除气息和明点的障碍，精华散布四脉轮，若要灵魂出窍是要领。

功法图解

图 11—39

盘腿，两个手掌及十指捂住面部口鼻眼等孔，上身像轮子一样转动。如图 11—39。

图 11—40

然后嘴里发出三次“嘛哈哈”声，搅动乞息后缓慢松弛。如图 11—40。

8 第八段 导引明点的运动四节 8-1-15 第15节 敬供山岳

功法介绍

所谓供敬山岳，脚要金刚盘腿，两个拇指揌无名指，握拳插入大腿窝，口念长短“吽”二十一，能防明点下漏并上引。

功法图解

图 11—41

金刚盘腿，两拇指揌住无名指，气息满引三次、空引三次，口念长短“吽”二十一次。如图 11—41。

图 11—42

然后，握拳插入大腿窝，进行一次缓慢松弛并用力解开盘腿，上身左右扭动，搅动气息。如图 11—42。

8-2-16　第 16 节　狐狸笑姿

功法介绍

所谓狐狸的笑姿，双手握拳在上方，双脚结成金刚盘腿，“吽”声之中把气吸。

功法图解

图 11—43

气息满引、空引三次，从鼻孔发出一声“吽”音，双后在乳房处握拳，然后解开盘腿，缓慢松弛，搅动气息。如图 11—43。

8-3-17　第 17 节　饿鬼运动

功法介绍

然后是饿鬼运动，两个脚掌相对立，站立双膝用手盖，大声“嘿咯咯嘿咯”声。

功法图解

图 11—44

蹲坐挺直，脚尖立地，脚跟和臀部相接，双掌捂在膝盖上方，进行三次气息满引、空引。如图 11—44。

图 11—45

然后，口念“嘿咯”，缓慢松弛，搅动气息同上。图 11—45。

8-4-18　第 18 节　狮子翻身

功法介绍

狮子翻身的姿势，脚结金刚盘腿，双手插进盘腿间，大声发出嘿咯嘿咯声，然后再做狮子抖威，尔后在平等之中放松。

功法图解

图 11—46

脚结金刚盘腿，双手插进盘腿间，大声发出嘿咯嘿咯声，然后再做狮子抖威，尔后在平等之中放松。如图 11—46。

进行后四节运动时，泉眼上翻举大旗。大海靠崖赶须弥，引导下风守四洲。如果努力进行此运动，私处隐匿守住明点，解开各种粗细脉结，全身具有色泽和光彩。长寿能除衰老之苦，防止经脉消沉皱纹生，会变成美貌无瑕英俊青年，内部象征会聚集守信的空行母。每节运动偶尔进行是关键。

《脐火运动十八法·耳传如意宝教诫》章完。

附：玛尔巴脐火运动十八法表

序号	藏文名称	汉文译名	功效	备注
1-1-1	རླུང་སྐྱོན་སྦྱོང་བའི་འཕྲུལ་འཁོར་གཅིག	克服风息毛病的运动一节	风息的毛病	
2	སྡོད་པའི་འཕྲུལ་འཁོར་རྣམ་བཞི།	坐式运动四节		
2-1-2	རྣམ་སྣང་ཆོས་བདུན།	毗卢七法	快乐的暖流尽快升	
2-2-3	རྒྱ་མདུད་ཆིང་གི་འཕྲུལ་འཁོར།	结成空心结的运动	更能暖全身	
2-3-4	ལྗོན་ཤིང་བསྣོལ་བའི་འཕྲུལ་འཁོར།	树木交叉运动	寒冷疾病	
2-4-5	སྐུ་གསུམ་བསྣོལ་བའི་འཕྲུལ་འཁོར།	三尊交叉运动	将风息守在命中	
3	དྲོད་བཙན་ཐབས་འབེབས་པའི་འཕྲུལ་འཁོར་གཉིས།	强行降温的运动两节		
3-1-6	དྲུག་ཆིངས།	六结	升温如同火一样燃烧，可根除消化不良的肿瘤，能赤裸身体躺在冰雪中，强壮如同雄狮般。	
3-2-7	སྦྲུལ་དང་བྱ་ཁྱུང་གནད་ལ་བོར།	蛇鹏甩向要害处	淋漓的小便	
4	བྱིང་རྒོད་སེལ་བའི་འཕྲུལ་འཁོར་གཉིས།	消除沉掉的运动两节		
4-1-8	བྱ་རྒོད་མཁའ་ལ་འཕུར།	老鹰飞翔	神志不清、昏沉	
4-2-9	ཤེས་པ་བུམ་པར་བཟུང་།	意念守宝瓶	精力分散和掉举	
5	མཚན་མོ་ཉལ་བའི་འཕྲུལ་འཁོར་གཅིག	夜间入睡运动一节		
5-1-10	སྤྱང་མོ་ཉལ་བ།	母狼入睡	快乐的体温极度上升，夜间的（铺盖）只需盖棉布。	
6	འགྲོ་བའི་དུས་ཀྱི་འཕྲུལ་འཁོར་གཉིས།	行走时的运动两节		
6-1-11	མཁར་ལྷུར་བབ་པ།	城堡落地	黄水就地漫游，明点吸收无疑，全身坚实变美丽。	
6-2-12	ནེ་ལེ་རེས་འཛོག	鹞鹰轮放	一人须走七天的路，一天就能到达。	

序号	藏文名称	汉文译名	功效	备注
7	གེགས་སེལ་གནད་ཀྱི་འཕྲུལ་འཁོར་གཉིས།	消除障碍的运动两节		
7-1-13	སེང་གེ་ལ་སྒྲུག	狮子示威	上身变得如同雄狮	
7-2-14	སེང་གེ་རྣམ་རོལ།	狮子嬉戏	气息和明点的障碍，精华散布四脉轮，若要灵魂出窍是要领。	
8	ཐིག་ལེ་འདྲེན་པའི་འཕྲུལ་འཁོར་བཞི།	导引明点的运动四节		
8-1-15	རི་རབ་ཕུལ་བ།	敬供山岳	能守明点下漏并上引	
8-2-16	ཝ་ཡི་བཞད་ཚུལ།	狐狸笑姿		
8-3-17	ཡི་དྭགས་འཕྲུལ་འཁོར།	饿鬼运动		
8-4-18	སེང་གེ་གན་ལོག་སྒྱུར་བ།	狮子翻身		

12

二十一节运动法

——三十九节运动中的二十一节

将玛尔巴的“三十九节分支运动”（ཡན་ལག་འཁྲུལ་འཁོར་སོ་དགུ）[①]剔除十八节脐火运动，[②]剩余的称之为二十一节运动。萨迦传承的三十二节运动[③]我们已在前面介绍过了。这两个传承之间有什么关系？首先在数量上不一样。萨迦传承的运动是三十二节，脐火十八节是独立的[④]；玛尔巴则称作分支三十九节，其中包含了脐火十八节，如果把脐火十八节分出来，只剩下二十一节运动了。如果再把玛尔巴的六节根本运动加上去，也不过二十七节。其次，我们也发现玛尔巴的这些运动与萨迦传承的各种健身方法之间，无论在名称上、还是在具体功法上有许多一致的地方。例如，二十一节运动的第一节是萨迦传承的预备式按摩和复杂健身操的第一节即手浴[⑤]等等。当然也有名称相同或相似，但功法却大相径庭的情形。具体情况，不再一一分析，读者可以自己体会。下面介绍二十一节运动。

一、沐浴胜幢

1-1-1　第1节　沐浴胜幢

功法介绍

沐浴胜幢，将四肢如同沐浴擦遍全身，可消除头发、全身酸痛。

①玛尔巴的“三十九节分支运动”（ཡན་ལག་འཁྲུལ་འཁོར་སོ་དགུ）见四川民族出版社1995年12月出版的《藏密气功》，4—11页。
②玛尔巴的“脐火运动十八节”见四川民族出版社于1995年12月出版的《藏密气功》，11—20页。
③萨迦传承的三十二节运动或三十二节瑜伽功见本书第六章。
④萨迦传承的脐火观想十八法见本书第五章“冥想静坐法”。
⑤二十一节运动的头一条见本书第一章、第三章。

功法图解

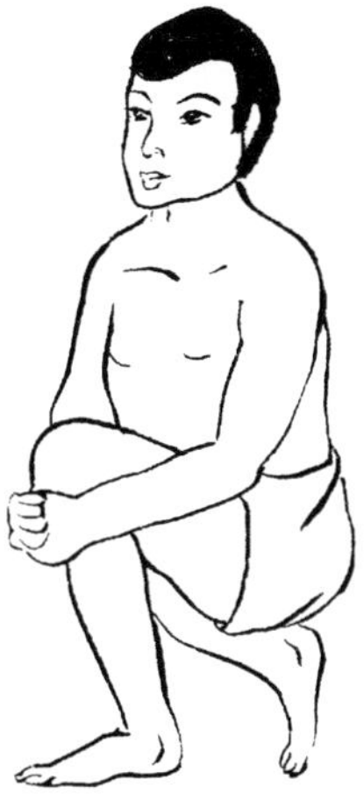

图 12—1

从髁骨到胯骨按摩双脚，如同沐浴，然后盘腿，如图 12—1。

图 12—2

尔后双手合十按摩三次，然后双手分别在胸背如同沐浴般按摩转动，如图 12—2。

二、山岳四节运动

2-1-2　第 2 节　蛇揉

功法介绍

揉蛇，头部如洗涤般揉动，可消除所有原因造成的头部疾病。

功法图解

图 12—3

按摩头部三次，双手交叉置于心窝，如图 12—3。

2-2-3　第 3 节　水车

功法介绍

水车般左右摇脖子，可消除喉咙脖子颈部诸病。

功法图解

图 12—4

双手交叉置于心窝，然后脖子向左向右各转动三次，如图 12—4。

2-3-4 第 4 节 疗养

功法介绍

疗养头部，向四方各撞三次，可消除头部和鼻子的病痛。

功法图解

图 12—5

双手在左右、前后各撞击三次（与口诀说法不同，不是手而是头部），如图 12—5。

2-4-5　第 5 节　泉眼

功法介绍

泉眼直瞪十方，可消除一切模糊眼疾。可防止耳聋眼瞎，不会出现味觉不灵、大脖子病和皱纹，可解开头部脉结。

功法图解

图 12—6

眼珠向左右转动三次，然后直视各方，然后双手放进大腿中间，送气，如图 12—6。

三、树木四节运动

3-1-6　第 6 节　三山

功法介绍

三山脚腿、头部和手臂，尽力上提收回肩部，可消除肋间诸疼痛。

功法图解

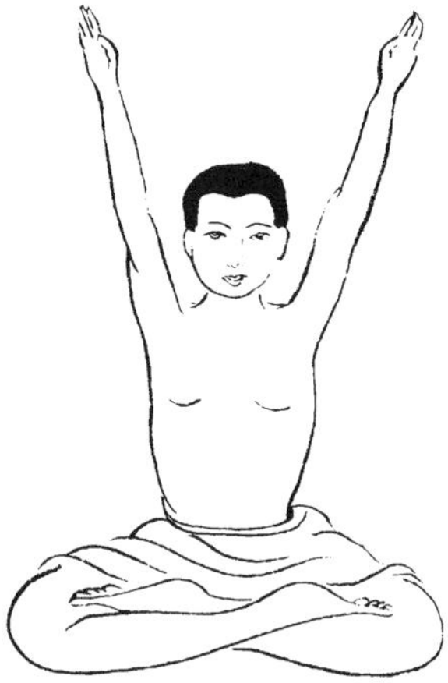

图 12—7

双脚、头、双手使劲向上挺举，敲击前胸三次，如图 12—7。

3-2-7　第 7 节　抛线球

功法介绍

抛线球，手握拳，轮流敲打左右肩，消除肩病和前后酸痛。

功法图解

图 12—8

双手握拳，左右肩膀轮流撞击腋窝，然后一起撞击三次，然后左右轮流做三次挽弓状，如图 12—8。

3-3-8　第 8 节　器官满

功法介绍

器官满，两只手，如同弯弓轮流伸，可消除手无力捉拿、疼痛和上身酸痛。

功法图解

图 12—9

双手如同挽弓，轮流伸展，如图 12—9。

3-4-9　第 9 节　拇指中间

功法介绍

拇指中间，右手如同抛掷绳索，在转动中挥动，左手背后击三拳，右边也要这样做。可消除手臂的脉络病和关节病，可消除流鼻血，不会染上诸偏瘫病，可解开身体之脉结。

功法图解

图 12—10

右手如同抛掷绳索，在转动中挥动，左手背后击三拳，右边也要这样做，如图 12—10。

四、上身四节运动

4-1-10　第 10 节　流星

功法介绍

流星，交叉双手，握住双肩左右摇，消除上下冷热疾病，消除前后酸痛症。

功法图解

图 12—11

交叉双手，握住双肩左右摇（注释解释为左右撞击），如图 12—11。

4-2-11　第 11 节　拜响铜山

功法介绍

拜响铜山，双手轮流握住向上举，可消除不调和肺、肝部疾病。

功法图解

图 12—12

双手轮流握住向上举（注释解释为双手轮流握住双肘，使劲高举三次，图和文对不上），如图 12—12。

4-3-12　第 12 节　靠近山岳

功法介绍

靠近山岳，双手紧握金刚倾心举，左右乳房撞击下颚，胸部中央撞击一次，向下抖动三次，可消除脾脏病和软肋酸痛，消除上身发胀及疼痛。

功法图解

图 12—13

双手紧握金刚倾心举，左右乳房撞击下颚（解释为双手手掌撑开，竖立中指，撞击左右乳房，上下抖动三次），如图 12—13。

图 12—14

胸部中央撞击一次，向下抖动三次（然后，掌心相合，转动十指。同前，三次），如图 12—14。

4-4-13　第 13 节　吹箫

功法介绍

吹箫，用左手捂住膝盖，用右手捂住肩膀往下坠，上身左右轮流扭动，可消除咳嗽和震荡引起的一切，可消除上风下风降落，不会染得风息紊乱肿瘤，可解开上身的脉结。

功法图解

图 12—15

用左手捂住膝盖，用右手捂住肩膀往下坠，上身左右轮流扭动，如图12—15。

五、腰部四节运动

5-1-14 第14节 搅动大海

功法介绍

搅大海，转肚脐，可消除消化不良及肚脐诸病。

功法图解

图12—16

肚脐向左右转动，在中间放松。各三次，如图12—16。

5-2-15 第15节 娇女后仰

功法介绍

娇女后仰，忽然起立，双手尽力向后伸，腰部尽力后仰，可消除肾病和髋骨酸痛。

功法图解

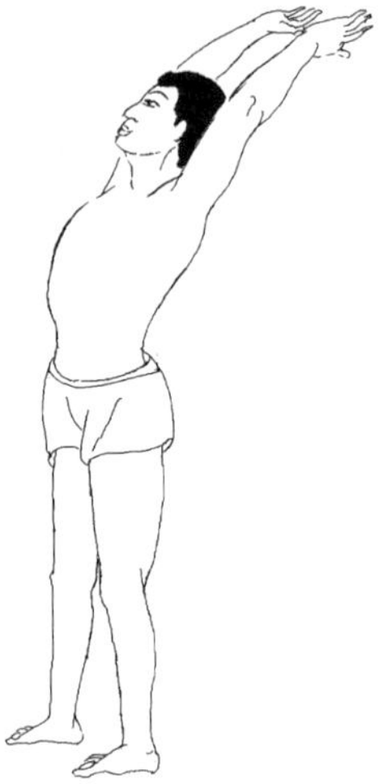

图 12—17

忽然起立，双手尽力向后伸，腰部尽力后仰。三次，如图 12—17。

5-3-16　第 16 节　压苍天

功法介绍

压住苍天，双脚交叉，双手交叉揪拇指，向上拉并轻轻放，消除上颚和水肿诸病，小便淋漓或尿道堵塞。

功法图解

图 12—18

双脚交叉，双手交叉揪拇指，向上拉并轻轻放开，如图 12—18。

5-4-17 第 17 节 鹿骡相接

功法介绍

鹿和野骡子靠近，手指相交，抬到头顶，撞肚脐，用手掌揉搓腹部，消除上颚、水肿、腰部病，以及一切冷热虫疾，能解开腰部脉结。

功法图解

图 12—19

手指相交，抬到头顶，撞肚脐，用手掌揉搓腹部，如图 12—19。

六、下身四节运动

6-1-18 第 18 节 金刚步

功法介绍

金刚行，两只手在膝关节中间相交并跳跃，双手放在胸前，可消除上身诸憋气，以及严重僵化持命的情形。

功法图解

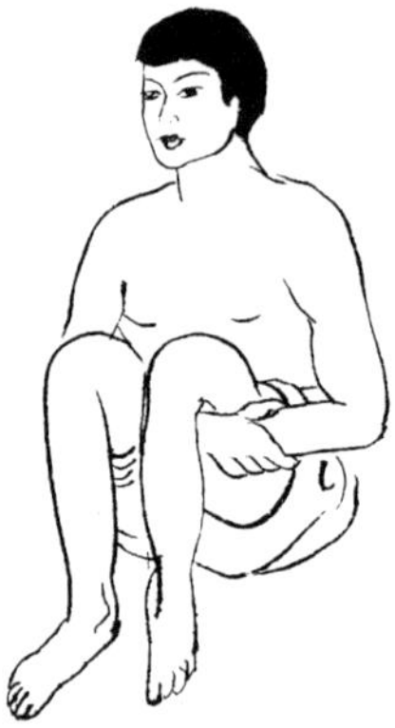

图 12—20

双手在膝关节中间相交并左右跳跃，双手放置胸前（图解说下身撞地各三次），如图 12—20。

6-2-19　第 19 节　巨鳌伸缩

功法介绍

巨鳌伸缩，两只手从大腿外侧轮流伸展，双脚轮流抖动，可消除全身疼痛和跛足，以及一切腿病和关节病。

功法图解

图 12—21

两只手从大腿外侧轮流伸展，双脚轮流抖动（图解说双手从大腿外侧轮流伸展并从膝关节内抬举，左右双脚轮番伸缩并抖动三次），如图12—21。

6-3-20　第20节　蛙步

功法介绍

青蛙行，跳跃而躲闪着行进，可以吸收黄水和浮肿。

功法图解

图 12—22

双手从大腿内伸进膝关节，从脚外部抓住拇指并蹦跳三次，如图12—22。

6-4-21　第21节　金刚盘腿

功法介绍

另一节是金刚盘腿，可消除下身诸病，解开各种粗细脉结。

功法图解

图 12—23

金刚盘腿，大落、右放松、左放松、中间放松，然后呼气，如图12—23。

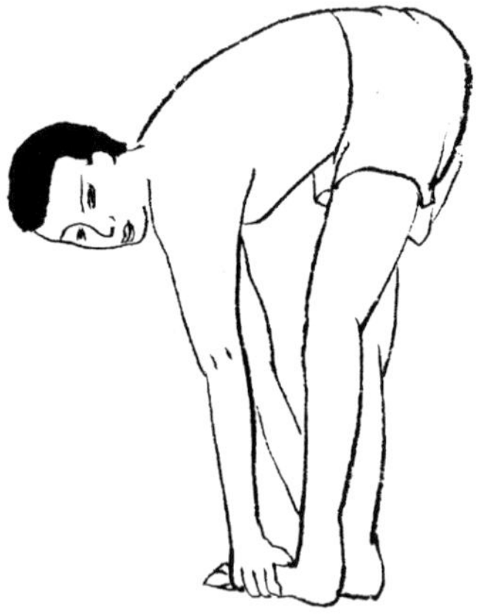

图 12—24

站立，抓拇指，灌满全身，在手脚不收缩的情形下，下身撞地，如图12—24。

图 12—25

然后，脚跟触地按摩三次，如图 12—25。

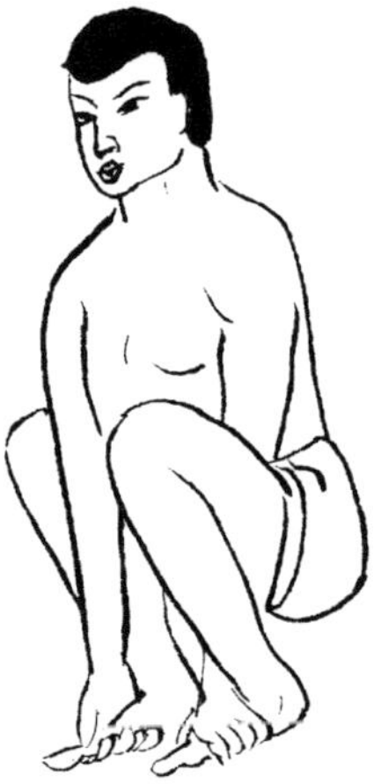

图 12—26

然后，收脚，山羊般拉动三次，如图 12—26。

图 12—27

放开山羊般动作仰卧，双手抓住脚尖抖地，以上各做三次（原图倒置），如图 12—27。

收式

防止明点从九窍外泄，这是幻轮功最胜要领，长寿功德无限量，然后进行发愿回向，每日不断勤修炼，这是简要的实践法。消除风息障碍的幻轮功，脐火十一节幻轮功，狮子解脱等可从别处获知。

跋

根据纳若大班智达亲身实践，我玛尔巴译师，为可教之人记述成文字，耳传不可混乱。如未得完全的训导，而向其传授，请诸大黑天和帝释天金刚杵的空行母，雷打劈其头！今生今世能够赐予殊胜和共同年岁或寿命的运动明镜，圆满结束。空行母上师有禁令：没有一两黄金的曼札，不传授此法。

附：玛尔巴二十一节运动表

序号	藏文名称	汉文译名	功效	备注
1-1-1	རྒྱལ་མཚན་འཁྲུད་པ།	沐浴胜幢	头发、全身酸痛	
2	རི་རབ་འཕྲུལ་འཁོར་རྣམ་བཞི།	山岳四节运动		
2-1-2	སྦྲུལ་མཉེ།	蛇揉	任何原因造成的头病	
2-2-3	ཟོ་ཆུན།	水车	喉咙脖子颈部诸病	
2-3-4	གསོ་བ།	疗养	头部和鼻子的病痛	
2-4-5	ཆུ་མིག	泉眼	一切模糊眼疾。可防止耳聋眼瞎，不会出现味觉不灵、大脖子病和皱纹，可解开头部脉结	
3	ལྗོན་ཤིང་འཕྲུལ་འཁོར་བཞི།	树木四节运动		
3-1-6	རི་གསུམ།	三山	肋间诸疼痛	
3-2-7	གྲུ་མགོ་བརྒྱང་བ།	抛线球	肩病和前后酸痛	
3-3-8	དབང་པོ་གང་།	器官	满手无力捉拿，疼痛和上身酸痛。	
3-4-9	མཐེ་བོང་རྐེད་པ།	拇指中间	手臂的脉络病和关节病，可消除流鼻血，不会染上诸偏瘫病，可解开身体脉结。	
4	སྟོད་ཀྱི་འཕྲུལ་འཁོར་རྣམ་བཞི།	上身四节运动		
4-1-10	སྐར་མདའ།	流星	上下冷热疾病，消除前后酸痛。	
4-2-11	ལི་རི་གཏུད་པ།	拜响铜山	不调和肺肝诸病	
4-3-12	རི་རབ་གཅར།	靠近山岳	脾脏病和软肋酸痛，消除上身发胀及疼痛	
4-4-13	གླིང་བུ་འབུད་པ།	吹箫	咳嗽和震荡引起的一切，可消除上风下风降落，不会染得风息紊乱肿瘤，可解开上身的脉结。	
5	རྐེད་པའི་འཕྲུལ་འཁོར་རྣམ་བཞི།	腰部四节运动		
5-1-14	རྒྱ་མཚོ་དཀྲུགས།	搅动大海	消化不良及肚脐诸病	

序号	藏文名称	汉文译名	功效	备注
5-2-15	སྨེག་མོ་དགྱེ་བ།	娇女后仰	肾病和髋骨酸痛	
5-3-16	ས་ལྷ་མནན་པ།	压苍天	上颚和水肿诸病，小便淋漓或尿道堵塞。	
5-4-17	ཤ་རྒྱང་སྦྱར་བ།	鹿骡相接	上颚、水肿、腰部病，以及一切冷热虫疾。能解开腰部脉结。	
6	སྨད་ཀྱི་འཕྲུལ་འཁོར་རྣམ་བཞི།	下身四节运动		
6-1-18	རྡོ་རྗེ་འགྲོས།	金刚步	上身诸憋气，以及严重僵化持命的情形。	
6-2-19	ཆུ་སྲིན་བརྐྱང་བསྐུམ།	巨鳌伸缩	全身疼痛和跛足，以及一切腿病和关节病。	
6-3-20	སྦལ་འགྲོས།	蛙步	吸收黄水和浮肿	
6-4-21	རྡོ་རྗེ་སྐྱིལ་ཀྲུང་།	金刚盘腿	下身诸病，解开各种粗细脉结。	

13

观想明“阿”中的偏差纠正方法

—— 一本藏族健身手册简介

本小册子是作者在西藏社会科学院工作的时候，一位在西藏藏文古籍出版社工作的友人复印相送的。小册子没有封面，所以也就不知道它的名字，现在的名字是作者根据书的内容取的，不一定准确；复印件也没有封底，它的作者是谁，无法做进一步考证。作者一直非常珍惜这本复印件，经常拿出来看一看。作者之所以珍惜它、经常阅读它，一是因为它的文字既简洁朴实，又带有几分古色古香，值得认真回味；[①]二是由于它

① 这一小册子的文字特点，可以专门写一篇文章。在这里归纳了十二条：第一，因为是手写本，所以其中的ཏ、ད、ར几个字分辨困难。第二，元音符号中I直竖；o带勾直横；e带弯斜杠。第三，不少地方用了后加字འ(v):sbev(sbos); bdev(bde); mnyev(mnye); dbyev(dbye); mnov ba(mno ba); gsov ba(gso ba); vguv vdev(bum pavi vgu vde?); bzev ba (kha ru bze ba); dbyev btsun(dbye btsun); vgu vdev(?vguv vdev rang la tshur bstan nas); bzev ba(rang gi kha ru bzev ba)，等。第四，ཅེད།:stong myid(stong mid)。第五，缩写字不少，这是手抄本的特点：skabsu; ltau(lta bu); namkhav(nam mkhav); dbyingsu(dbyings su); hyor(yan por); dusu(dus su); cilr(cig car); sbugu(sbug gu); vkhrulor(vkhrul vkhor); gyasu(gyas su); nyiuv(nyi shu); th1(thun 1); yyon(gyon); yidm(yi dam); shyen(gshen); thyan khar(thugs khar); rigin(rig vdzin); spyio(spyi bo); yige(yig ge); vdugam(vdug gam); zinas(zin nas); tingen(ting nge vdzin); phyagis(phyag gis); rgod shyog(rgod gshog); ltu(lta bu); ylags(yan lag?); logi(log gi); vghoo(mgo bo); yotn(yon tan); gzhi bzhagi(gzhi bzhag gi); thige(thig le); thamd(thams cad); gagsu(gegs su)。第六，虚词的用法不规范：如，gi gis; tu du ;devi(des)。第七，带ཧ下加字的字如，vgho(mgo); sho(so); vgho bo本应是mgo bo; khong(khengs)。第八，后加字ས在上面，不是圆圈，而是不封口的圆形；ས在辅音字的下脚处。第九，正字法：rked pa(sked pa); thun vtshams(thun mtshams); gag sel(gegs sel); 第十，用数码代替文字，如，1; 2; 3; 4，等。第十一，kun ka 同 gsum ka; bzhi ka; lnga ka。第十二，后藏语言的特点，如，gog po; byed snying; byed snying mno，等。

是作者所见到的第一部有插图[②]的藏族传统健身手册；三是健身方法既简单好学，且实用性和针对性都很强。下面是它的影印件和汉文译文，供读者阅读和研究。

原书第 1 页　正面

原件照片

译文

此时，观想显ཨ，身体极度膨胀；此时观想意念，由于幻觉，思绪不能控制，体内不平衡，胸疼、鸠尾骨痛即胸推末尾软骨梢、胃胀，肾腰痛、身寒。对此要像“挥舞器械”一样扭动腰部，双脚平放盘腿，意念集中在

②插图：这里说的不是现代插图，而是古代的插图。这本来在藏族传统健身方法的传承和教学中，是一件有一定历史传统的现象，但是对一般人而言，并不是处处可以看到的。之所以说有历史传统，我们在民族出版社于 1991 年 5 月出版的《藏密气功典籍选编》(གསང་ཆེན་ཐབས་ལམ་ཉེར་མཁོ་རྣལ་འབྱོར་སྙིང་ནོར）一书中萨迦·索南坚赞（ས་སྐྱ་བ་བསོད་ནམས་རྒྱལ་མཚན）所著《依靠脉风运动修炼深道菩提之次第即刻诵》(རླུང་འཁྲུལ་འཁོར་ལ་བརྟེན་ནས་ཟབ་ལམ་བྱང་ཆུབ་སྒྲུབ་པའི་རིམ་པ་བཀླགས་ཆོག་མ）中能发现有这样的清楚表述。他说：(我所编写的）这篇文章，是根据圣言依靠道果的深奥通道获得持金刚果位的方法——先前出世的上师所编写的文献和图例（ལུས་དཔེ）……又说：特别是吉祥萨迦祖师扎巴坚赞跟前，法王埃旺巴仁布切夏钦强巴贡噶扎西在深入而详细传授道果等的时候，所讲的话和身体的示范动作（སྐུའི་རྣམ་འགྱུར་གྱི་བརྡ་སྟོན་མཛད་པ）牢记在心。见该书 150—151 页。当然，为了清楚明了，本书所用插图，是在原插图的基础上进行了描摹、修整的，以便于读者参考。

所痛之处，观想该处的 རཾ 字燃烧起来；如果是疼，观想疼处 ཨ 字，被流水洗涤。双手叉腰，像“挥舞器械”一样尽力转动，此法定能祛除该病。守住气息、控制意念，甚为重要。如此，必能去病，毫无疑义。

原件插图

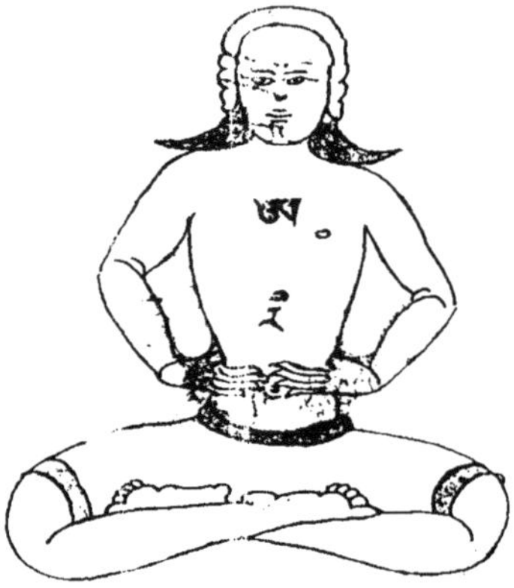

注意：腹部有 ཨ、རཾ 字。

原书第 1 页　背面

原件照片

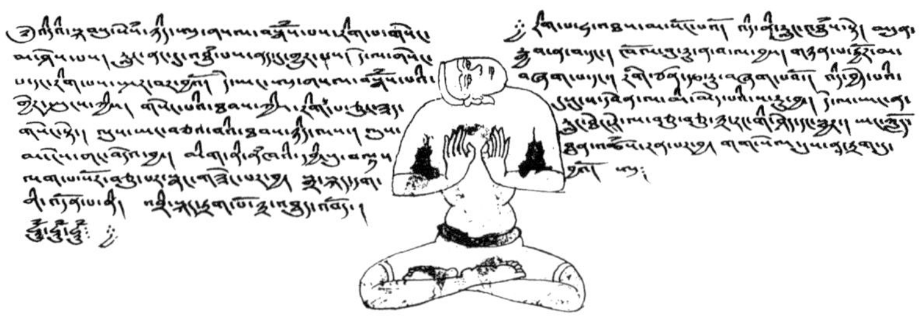

译文

此时，心中观想显阿，由于不会松弛意念，气在体内积聚，变成了疾病。对此要放松，要用意念燃烧。由于观想显“阿”而引起的气上扬和积聚，用松弛的办法使其稍微放松。身体应该保持的姿势是，无须定势而以舒适为原则，双目凝视天空，双手十指在空中直立，口中发出声音，如同母牦牛的吼声，连续发出三次“吽”“吽”“吽”。这样，气就不会顽固。这用于气被困住，导致前胸后背疼痛浑身不适。既不把剧烈者放在一边，又把意念放在脉络上。对此，还可以根据自己的身体状况，一次呼吸十次，连续进行三次，然后放松；座间要适当。在消除障碍时，要做得猛烈一些。

原件插图

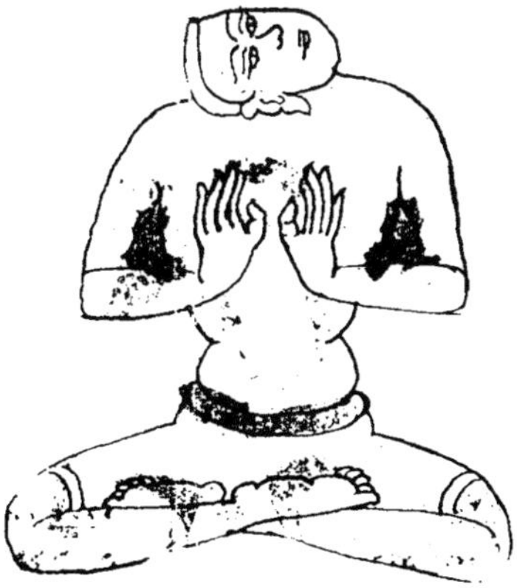

原书第 2 页　正面

原件照片

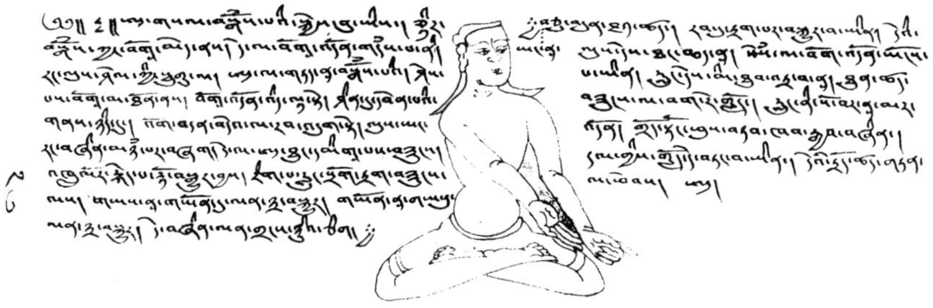

译文

观想显“阿”的人，如连续观想也没有效果，对此能有效果的秘诀是：自身犹如水晶管道。朝着“阿”字观想，意识没有结果，对此能有效果的办法是：在一个极其僻静的地方，坐在舒适的坐垫上，身体自然放松，观想短“阿”，腰部进行摇摆运动，意识坚守命力，自右向左转三次，自左向右转三次，如此共进行二十一次。 或者，进行十七次作为一个座间，要做得凶猛、剧烈。如此，身体虽然感到疲惫，心中却会有成效。如果，感到气息难以守住，一个座间后放松一次。气息从牙缝中呼出，向着肚皮吹气，如同扎针一样，徐徐呼出，把气放出去。其结果，一定会升高体温。啊！

原件插图

原书第 2 页　背面

原件照片

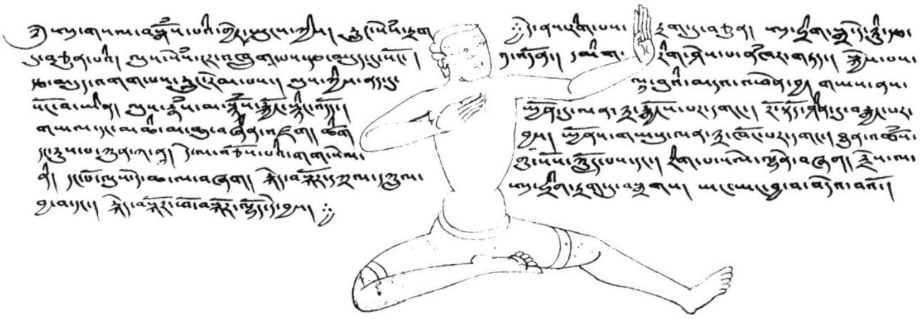

译文

由于观想显“阿”引起的上扬和积聚，极力控制气息和心的缘故，导致身心的锐气混乱，脉络成结、堵塞脉路、气息积郁、身患疾病。浑身不平衡想伸展，嘴中痰水如水流，所有关节和骨头都疼痛。防治的对策是：首先把身体放松，腰部转动又抖动，从容进行腰部转动和腹部转动；然后，用意念尽力控制，发出二十一遍“啊嗜”之声，观想意念集中在天空，做男子汉的射箭姿势，自右向左做三次弯弓状，上身尽力撑满；自左向右弯弓三次，撑满。在座间放松，意念不受干扰。最后，用力发出“啊嗜”声，反复进行，必能康乐。

原件插图

原书第 3 页　正面

原件照片

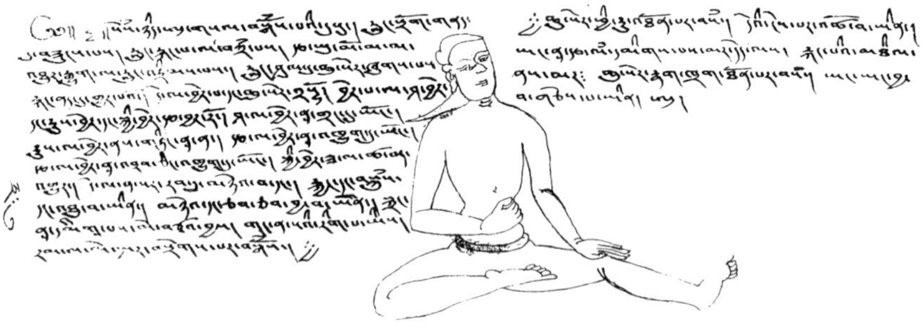

译文

在心中观想显“阿”的时候，由于气息坚守在要害处，气息散发到腿部，下行的“由穆玛”脉络积郁了气息，在气息积郁的空间渗入了“黄水”，导致了腿病。此种情况，有扩散和黄水两种。扩散又有肉中扩散、骨中扩散、皮中扩散、脉中扩散。扩散到肉中，感觉寒冷；扩散到骨头中，从深处疼痛；扩散到脉络，不合；扩散到皮肤，发痒并发烧。对此，要在疼痛处尽力搓揉，要伸展、要收缩、要抓拿、要颤抖。如果肿胀，可用观想燃烧。就在发病处，用意念对“རཾ”字点火，使其燃烧，想象使黄水流出体外。这样必能养生。或者，用观想将脉道往下清扫，想象从脚底向下流出黄水、脓液、血液。务必多次进行。啊！

原件插图

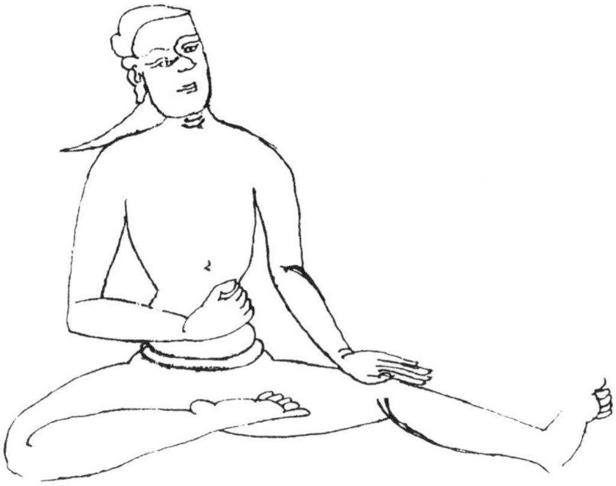

原书第 3 页　背面

原件照片

译文

由于观想显“阿”导致的上扬和积聚，其中身子的头部，以及消除肢体的障碍，会引起肢体的疼痛。这就要守住命力之气，命要进入气的怀抱，猛力发出“哈噗”的声音，观想前方有本尊阎王像放射出白色光芒，意念集中到心部显“阿”之上，用手揉搓疼痛之处，在吹气“哈噗”的同时猛力揉搓，在颤抖的同时吹气。这样，一定会有效果。意念和气息集中到手的疼痛之处，用“རམ”字燃烧疼痛处，对病痛处“哈噗”吹气，观想脉络，想象病从痛处一溜烟散发而去。此定能祛除疾病。做高举双手、展翅高飞、左右手分别伸直、双手抖动、拍打等动作。

原件插图

原书第 4 页　正面

原件照片

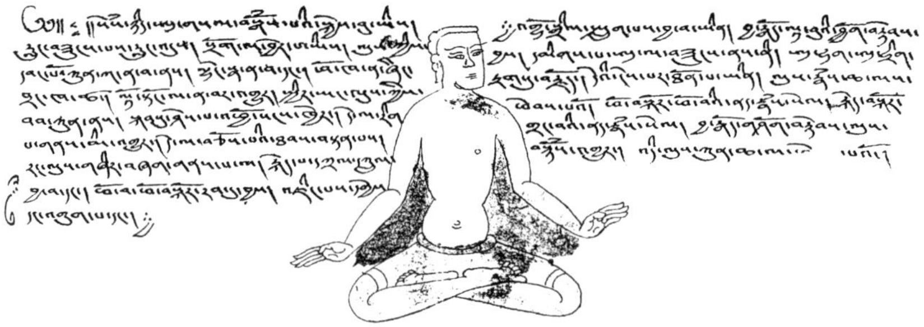

译文

心中观想显“阿”的人，由于守气而积郁了气息，扩散到生命，导致全身五官疼痛、鸠尾骨痛、胃痛、胸部疼、肚子痛。一般而言，根据身体的不同状况，有时使意识神魂颠倒（？），精神也不集中。对此治疗办法是：自身放松静坐，腰部摇晃，腹部尽力转动，脖子又扬又弯，头部转动摇晃，像老鹰一样拍打翅膀，意念守住“阿”字，尽力发出“啊哈”、“啊嗜”之声，如此定有效果，身体能够平衡。腹部转动能消除胃病，腰部转动能消除发寒（淋病），拍打雄鹰翅膀能使身体平衡，此能使全身平和。

原件插图

原书第 4 页　背面

原件照片

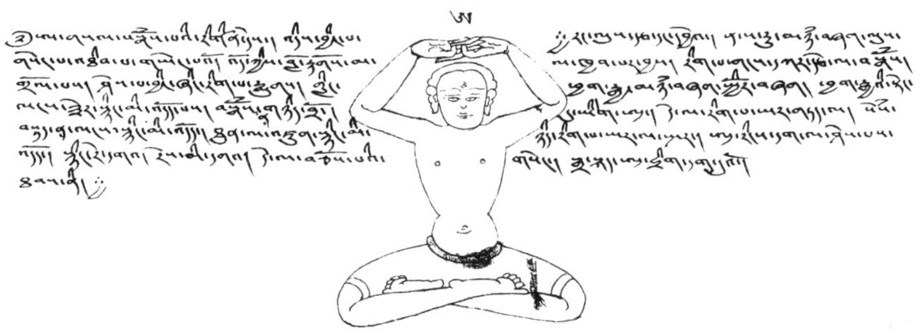

译文

观想显“阿”的持明人，（实施）此法能使精力分散者集中精力，使神志昏沉者消散昏聩。由于光芒没有释放意志，使精力分散、智力低下，在大庭广众之中不愿意言语，打坐时昏昏欲睡，坐下后不愿意站起，不愿意进入座间，心中时而欢愉时而不快。其治疗方法是：自身与脉络分离，包括痛处在内全身放松，意念集中观想雪山顶峰，手印放置头顶，想象在手印上面有“阿”，意念向上集中于它，心中的明智向上燃烧，意志集中在长“阿”，发出“啊嗜”之声。

原件插图

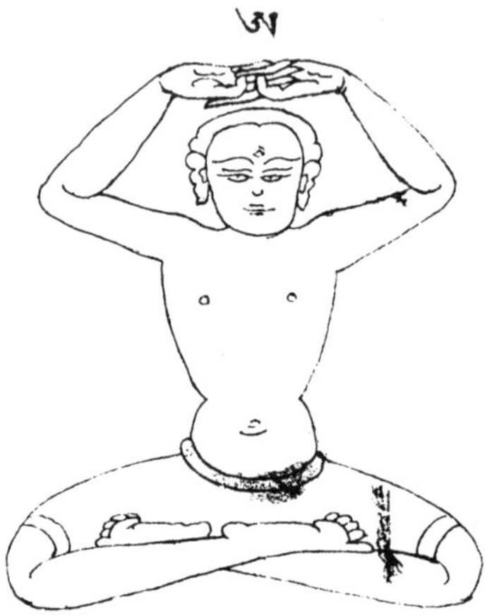

注意：手印上的“ཨ”字。

原书第 5 页　正面

原件照片

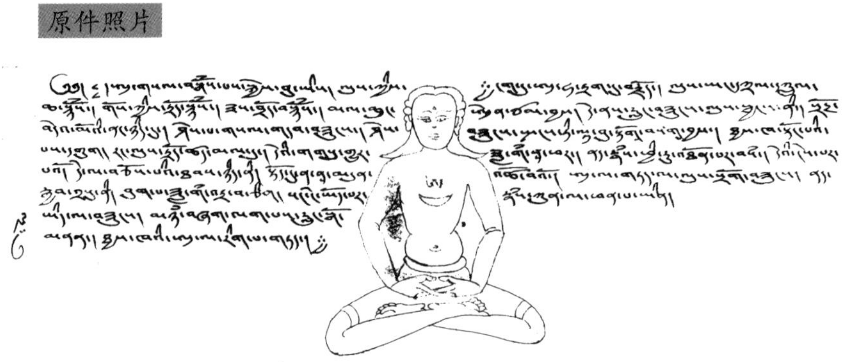

译文

观想显“阿”的人，身体要自然平衡、衣服要温暖适度、食要饥饱适度。在舒服的小被窝内，保持清醒意念，用心守住；当自身在被窝内升温时，有可能成为障碍。防治的办法是：如果上身疼痛，心中想象在前身和后背两处存在着一个像披风般的豁亮洞穴，以平等手印摁住气门，意念集中于心窝的“阿”字，口中尽力发出“阿哈”之声，身子微微晃动，然后守气、练身、持命，像草地山一样颤动，想象从胸前空虚的披风中，将疾病涌向外部。此法必能康复。集中观想“阿”字，守持命力，对所有疾病均有益处。

原件插图

注意：胸前有“ཨ”字。

原书第 5 页　背面

原件照片

译文

观想显“阿”的人，意念集中的方法不得当，就出现了意念无法集中的问题，就不像是在温水中浸泡，想象在自己前方能见的范围内，看到一个似乎亲近的人在走动，喊住他，叫他停步，再次呼喊，叫他停住，但是得不到他的回音。哎哟！这哪里有什么行人，而是自己产生了错觉，从而知道没有行人。同样我的意念也没有出路，把这一清醒的对自我的认知，在平和之中守住。无论自我意识中产生什么，都要让他存在下去。对此完全能够控制时，就可以集中自己的意念了。如果此法还不能守住的话，根据自己的意愿，奔跑约一箭之程，看看到底有无行人，确信没有行人后，可以在自己能越过的水渠上，跳跃过去再跳跃过来。此法可以使注意力分散，意念可以控制。啊！对于腿部疾病可以采取奔跑、蹲坐、独立、跳跃、舞蹈，定能消除无疑。将其写在这里了。

原件插图

原书第 6 页　正面

原件照片

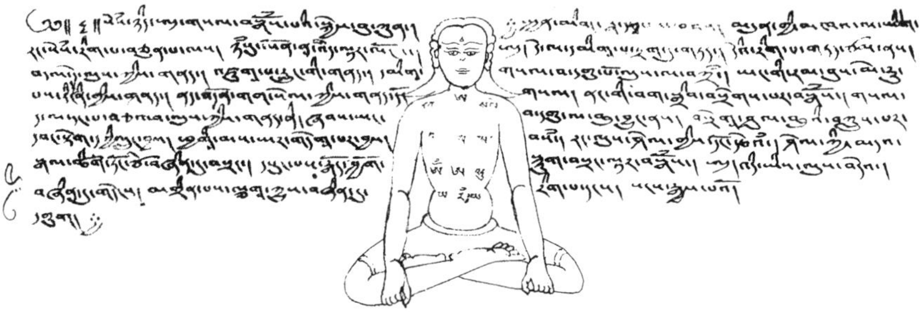

译文

所有在心中观想显“阿”的人，都要控制自己的意念。其体验的办法是这样的：放松是身体的要领，吸入是气息的要领，观想是坐禅的要领，祛病是除碍的要领。其中身体姿势的要领是：双脚盘腿，双手从下往上提，脊椎骨就像重叠起来的铜子儿一样直，肩膀如同雄鹰翅膀耸立，脖子犹如铁钩一样弯曲。双目凝视鼻尖，前方空中有“阿”字，对此要尽力观想。当意念集中到这一点，把九明撒遍全身。另有“རཾ”字显现为火焰，想象体内的邪瘴被烧掉；想象在九明中产生水，用水冲洗火烧的痕迹；想象自身如同（重叠的）水晶的铜子儿或水晶的箭杆一样挺直。啊！此能使身体安康、心明、成佛！

原件插图

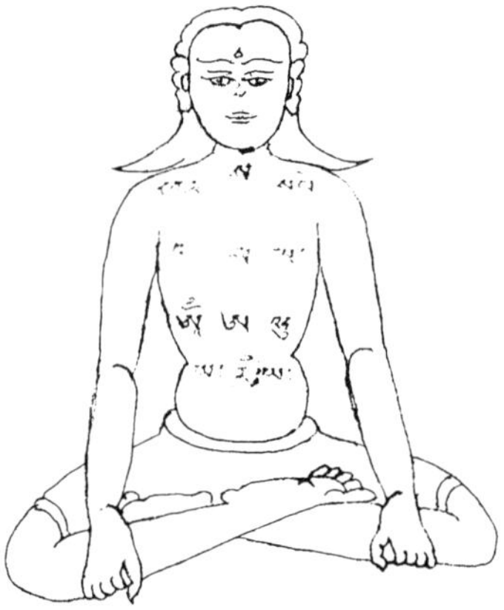

注意：满身的“ཨ”字，共为九个，表示“九明”；腹部有“རཾ”字。

原书第 6 页　背面

原件照片

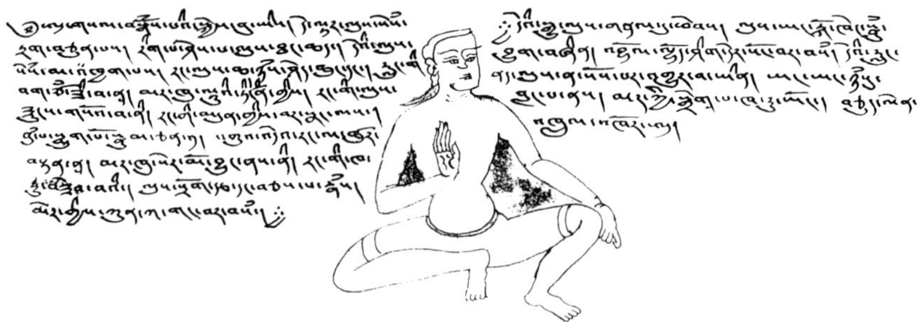

译文

观想显“阿”的人，如此控制身心，心智、意识和身体都觉得劳顿；由于身心无法承受，身体失去平衡感到无力，气息微感陶醉，此时要用酥油般的禅定来保养自己的身体。其方法是：想象在自己前方的天空，有一个黑色的、盛满油的瓶子，其瓶嘴对着自己，从中流出黄色的、被化开的酥油，用自己的嘴巴接住，浑身脉络等统统变得满满当当，这样能使幻身平静；想象全身涂满油，变得舒坦安逸。此法可治愈风息的毛病。如果反复体验，口中就会出现酥油的反胃味，这就是吸收营养法。啊！

原件插图

原书第 7 页　正面

原件照片

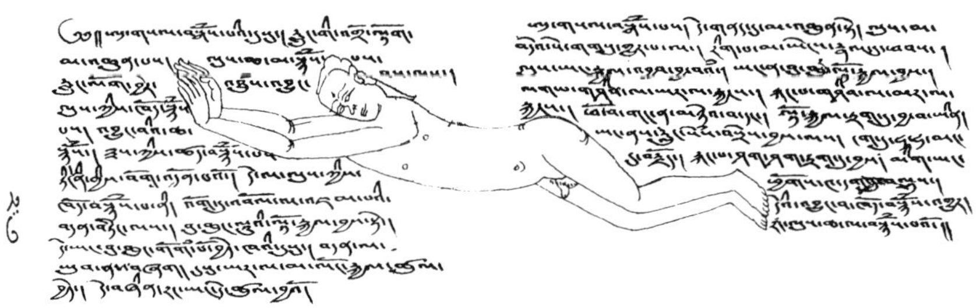

译文

在观想显“阿”的时候，由于没有控制住气息的进出，身体不平衡，逆风扩散或积聚。身体摆平就能五大元素平衡，食物总量适度就能使禅定产生效果。摆平身体即：铺上厚实而柔软的垫子，在这个上面像童男般地爬泳。这也如同男婴即将爬行时，放在垫子上让其匍匐爬泳，不让随时起来一样，自己也做同样的动作。由于观想显“阿”，而未能控制住它，使身体不适，变成障碍，对此精力不要分散，缓和心态，身子做游泳姿势。或做男童爬泳状，双手并拢向前伸直，双腿并拢向后伸直，揉搓胃部疼痛处，尽力进行爬泳；或者将气息和意念合二为一，口中多次发出“哈哈”声，使劲蹬腿，眼观四方。此法可使五大平衡，自身平实。

原件插图

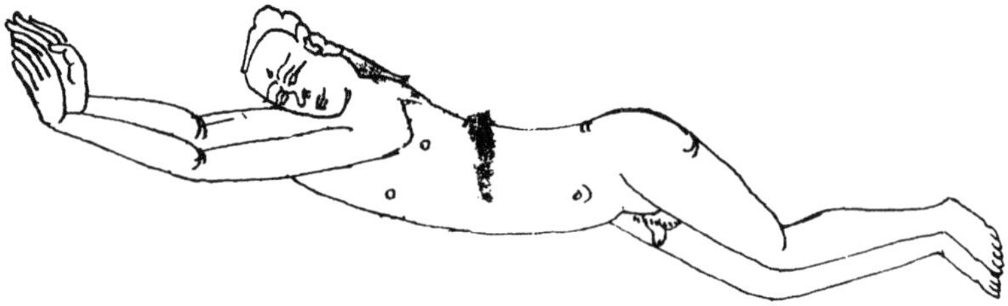

原书第7页　背面

原件照片

译文

上节和此二节对所有疾病都有益处。此处指出显“阿”的要领：观想智慧的显“阿”时，由于气息和心没有平衡，气散布到了皮肤，全身发抖摇晃欲倒，身体皮肤泛青、患淋病和风湿病；心生悲悯、肉身发抖；时间长了，逐渐会从疫疠变成麻风病和痛风。对此，进行练身活动至关重要，消除的方法是：像绵羊一样抖动四肢，身子以自然姿态做五手印，命风守于心中，心智尽力上扬；身子像绵羊尽力抖动，然后释放命风时，发出“哈哈”的吼叫声。如此反复尽力进行，必能平息不适。阿！观想显“阿”的人，身心和器官不要分解。如果上述功法还不能缓解不适，自身四肢分叉，离开目标观想“阿”字，并尽力集中意念于此，命风守于心中，要摆头部，身子抖动四肢，有时尽力发出“哈嘿”之声，此法将能骤然平息缓解；有时坚守命风的同时，手舞足蹈，多次发出“阿嘿哈吐”。此法定能见效，称为“阿嘿哈吐”法。

原件插图

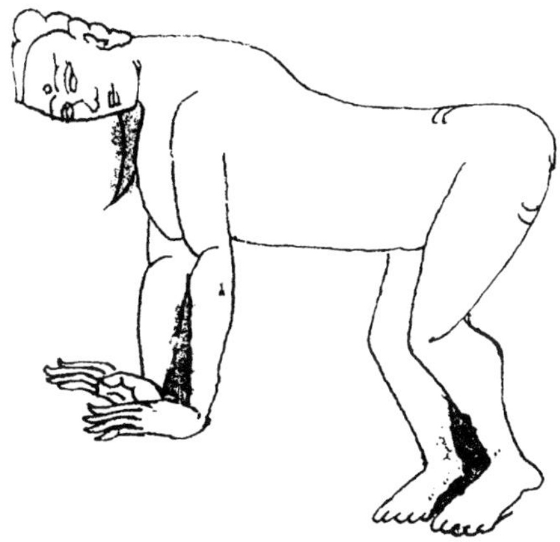

原书第 8 页　正面

原件照片

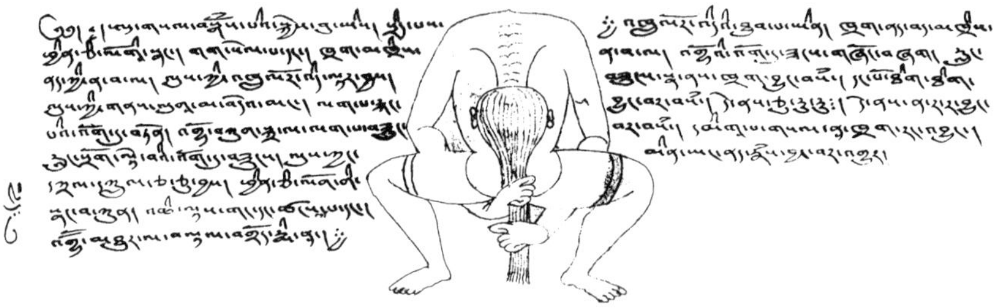

译文

观想显“阿”的人，产生神魂颠倒的幻觉。为消除此种状况和患有血液疾病、胆病的患者，要进行此种身体的功法。身有不适者不少：手从腿下伸出，低头揪住头发，命风守于肚脐之下，身子摇晃抖动，如果产生头部下沉的感觉，一切神魂颠倒的幻觉和具备死亡的征兆，都可由此解除。患有血液病和肠胃黄胆疾病者，在头部底下放置铜盆，守气，想象从鼻孔流血，开始想象滴滴流出，然后是断续流出，最后哗哗流出；如果观想清晰，会流出真血来；如果不是真血，也能防治疾病。

原件插图

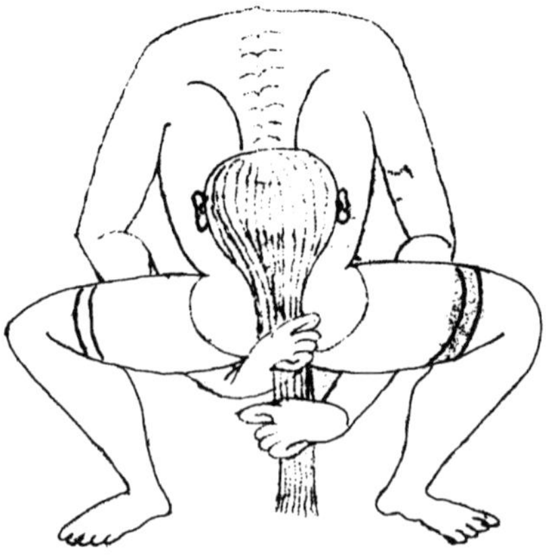

原书第 8 页　背面

原件照片

译文

观想显“阿”的人，如果没有增加身体的健康色泽，可以做这样的健身功法：意识高度向上放松，双脚平放挺胸，双手在背后交叉，抓住两脚拇指，如果手臂够不着，就用绳子拴住，命风直守心窝，目标集中在短矛般的“阿”字，用力控制风息和心智。此法有五个功德：浑身上下舒适，病情逐渐缓解，神志清楚而清醒，五官脏器清晰而灵敏，口舌敏捷而明快。骨节没有错位或死结，解除了意识的困惑，体验到各种效果显现，所有疾病都能治愈。啊！所有功法，都应与此相同。

原件插图

原书第 9 页　正面

原件照片

译文

当心中观想显“阿”的时候，五大不平衡，头部及全身发抖，穴道堵塞，眼睛不明模糊，双耳闭塞听不清，颈项不适，精液泄漏难以控制。消除这些的方法是：自身做五手印姿势，左右手分别揪住左右耳，眼睛凝视天空，头部猛力转动，既转动又摇晃，颈部摇摆，点头又转动。有眼疾者，睁眼、翻眼、转眼、开眼、闭眼；捏紧耳垂，猛力空咽；鼻子要吸气、出气、扭鼻、颤鼻；舌头要抖、伸、滚、摇；口中念诵“阿字六连”，即“阿嗡”“阿吽”“阿哈”“阿嗜”“阿嘿”“阿胜”，这些是声部的活动，可以消除一切邪瘴。啊！

原件插图

注意：图画底部有“འཁོར་ཏུའི་གག་སེལ”字样。

原书第 9 页　背面

原件照片

译文

由于观想显“阿”而引起的扩散和积聚，控制了短“阿”的风息和心智，但是没有燃起身体康健的温火。对此进行这样的功法：尽力将意念集中于短“阿”，命风守于心中，心智朝向短短的“阿”字；身体采取这样的姿势：身体蹲坐，双手缠住双腿，像白色的丝带般晃动身子，守气，意念集中于“阿”字；然后，身子进行如下活动：眼睛朝向一箭之遥，一只将“阿嗜”作为凝视对象，不要用气息抬高它，守气，一直到另一只出现，另一只凝视到“阿嗜”的出现，气息不可停顿，当气息呼出时，身子也放松，如此反复猛力进行。最终身体健康的体温升高，精华遍布全身。此法可找回自然光泽。具有五种功德：气息可掌控在关键处，身子平衡，头脑清醒，精华不泄，血肉发达，产生所有明处。

原件插图

14

在萨迦寺发现的几组零散健身操图例

2006年9月初，作者在国际藏学会上宣读了有关藏族传统健身操的论文后，大家兴趣很浓，提出各种问题，其中一些学者还提供了有关经典的一些线索，特别是熊文彬博士把他在萨迦考察时拍到的照片提供出来。据熊文彬博士介绍，这组照片现存萨迦寺，是从北寺的废墟中发掘出来的，所以残缺不全。现存三组照片：第一组是复杂健身操的照片，有七个图例。非常遗憾是没有拍到它的另一面；第二组是衮榜上师所编写的一组健身运动，有正反两页；第三组图例有正反两面的照片，从照片看纸张洁白、绘画风格细腻，但只有图例和藏文数码的编号，没有文字说明。下面分别介绍这三组图例。

一、第一组　图例复杂健身操（1—7）

从总体上看，这组图例及其文字说明同前面介绍的复杂操的每一节操的名称和文字说明基本都是一致的，仅在个别地方有所不同，读者可以比较。在文字表述中二字往往用藏文数码2表示。图像上方用藏文字母 ཀ་ཁ་ག་ང་ 表示顺序，每节的名称前均标有藏文字母，以表示其前后顺序。下面是分解图例和文字说明：

第一图，如同手浴。

对手、脖子、胸部、大腿和脚部逐一进行按摩。

第一图

第二图，反手挤胸。

金刚拳从腋下翻转，尽力向外伸出，然后翻转过来靠近胸部。

第二图

第三图，抓手压腿。

右拳放在右腿上，由左手摁住；左拳也相同。

说明：与前述复杂健身操有所不同。

第三图

第四图，交手扭身。

与底普巴的第十节相同。

说明：据《藏汉大辞典》：底普巴，古印度一大成就者名，底普密咒主。

第四图

第五图，如同挽硬弓。

五肢运动既像挽弓，又像招手，只是这一点不同。

说明：本节名称在前述复杂操中写成 གཞུ་སྲན་འགྲེངས་པ། 我认为本节名称更易于理解。

第五图

第六图，握拳尽力伸出。

双手触在乳房上，然后向外伸展。

说明：前述复杂操名与本节名称有所不同，文字表述也有所区别。

第六图

第七图，双拳碎石。

双拳在头顶旋转，在拳头不解开的情形下向前挥动。

说明：此处之文字说明 མགོ་ལ་བསྐོར་ཞིང—— “在头顶旋转” 在前述复杂操中没有。

第七图

二、第二组图例　衮榜上师所编写的健身运动

这组照片有两叶，第一页的上方有藏文数码 9；边上有文字和数码，数码是 2，后面有藏文 ཡོད 字，前面的几个字没有辨认出来。据此我们可以推断，这两张照片是一页的正反两面，总共有 11 个图例和一段结束语。到底是什么健身操或运动，目前尚无法确认。但是在其结束语中有“这是衮榜上师所编写”这样的文字，说明编写者是衮榜上师。衮榜上师是何许人？据《藏汉大辞典》：衮榜·土杰尊珠，译言悲精进（1243—1313 年）。南宋藏传佛教著名大师名，系优摩·弥觉多吉的五传弟子。宋元间创建觉囊寺于后藏拉孜县觉囊地方，其再传弟子堆波瓦·喜绕坚赞，弘扬宗风，称觉囊派。据此我们至少对该健身操编写者的情况有所了解了。

第一叶的内容：

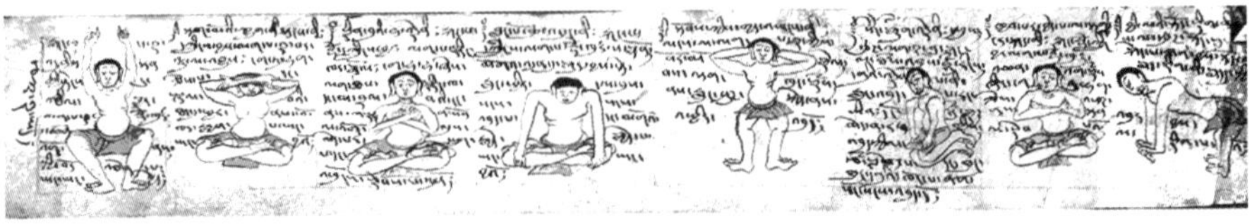

其图例和文字说明分别是：

第一图，在坐垫上，双脚脚底相接，双手结成金刚拳，从腋窝下向头顶挺举。反复进行。（与玛尔巴脐火十八法第 17 节相似？饿鬼运动 71、72 图？）

第一图

第二图，母虎呕吐状：盘腿，双手握住关节，口中发出“哈”的声音，举到前额处，然后碰撞胃部。反复进行。

说明：此节名称见按摩疗法第二十三节和玛尔巴的六节根本运动第四节，但图例和文字说明差别较大。

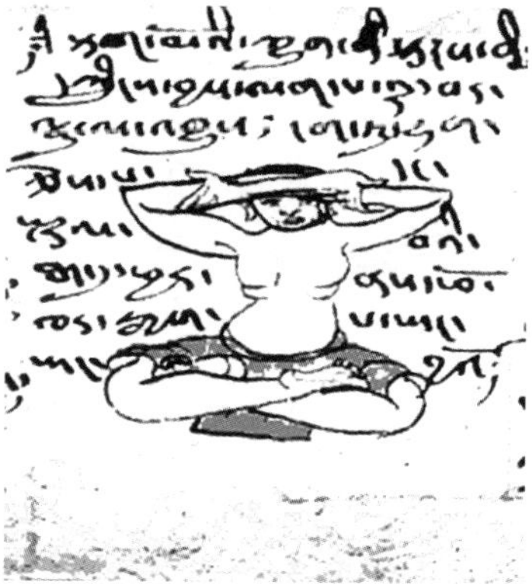

第二图

第三图，昆虫的“哈”嚏：脚为金刚盘腿，手在心窝处交叉，口中发出“哈哈”声，双手不离心窝的状态下，头部和全身向左右晃动，臀部上下抖动。

第三图

第四图，大象饮水：脚盘腿，手以金刚拳压住地面，向前低头，慢慢呼气，头部向上抬举。反复进行。

第四图

第五图，大力士吹气：用手指相交的双手，抱住后脑勺，尽力向外吹气。

第五图

第六图，狮子呕吐：双膝跪坐，双手抱在大腿上，发出一长“哄”声慢慢运气，这完全是呼气。开始时若无“哄”的声音，可自然吹气，到中间时，短促而慢慢地把气从腹腔中吐干净。

第六图

第七图，为遍行风进行的老虎吼声：金刚盘腿，握金刚拳，从腋窝下方抱住，口中发出“哈”的声音，同时跃起身体撞击垫子。

说明：似乎是运动疗法第十三节。

第七图

第八图，猫以上身示威状：手脚触地，上身向上鼓出，腰部向下弯曲，这是上身的示威状；下身的示威状是把下身的胯骨向上鼓出，并示以吓唬状。

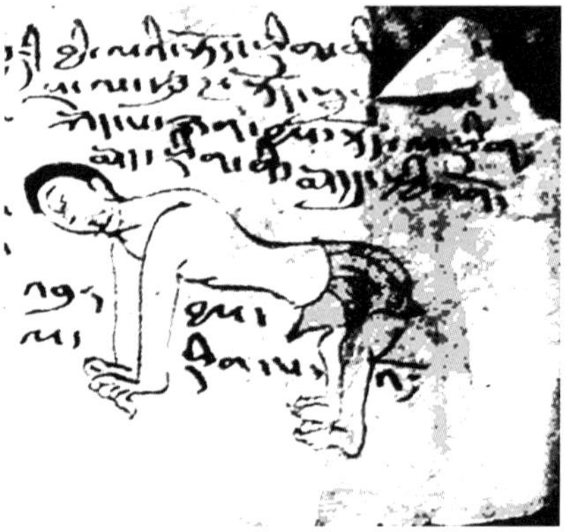

第八图

说明：此节似乎与运动疗法第十三节相似。

第二页的内容：

第九图，弯腰挺举：双手手掌朝下，与地面相接，上面放于双脚脚掌，背部中区向天空挺举。

第九图

第十图，狐狸的姿势：双膝跪地，臀部放置脚后跟上，双手金刚拳握在左右乳房处，双肘撑直，吸气三次，又从左边吸气三次，在中间尽其所能守住气，然后向外呼出。

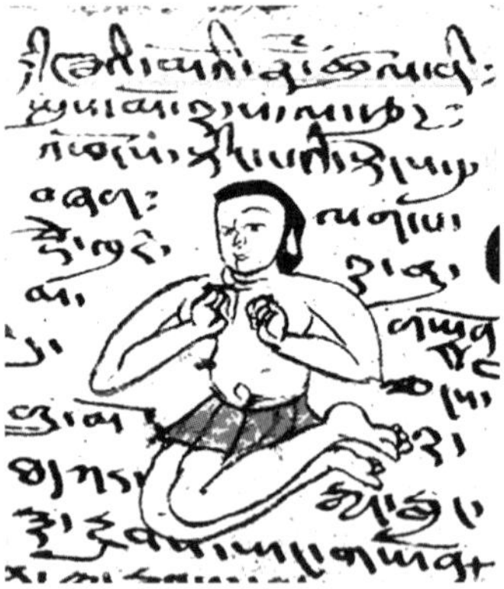

第十图

说明：同玛尔把脐火十八法第 16 节名称相似，但做法不同。

第十一图，绵羊的四抖动：四肢触地，全身嗖嗖抖动（请与练功小册子第七页背面的内容进行比较）。

第十一图

结束语：这些根据各自的需要，可以适时进行，无需一次做全。衮榜上师编写。祈愿获得乌坚巴的果位。

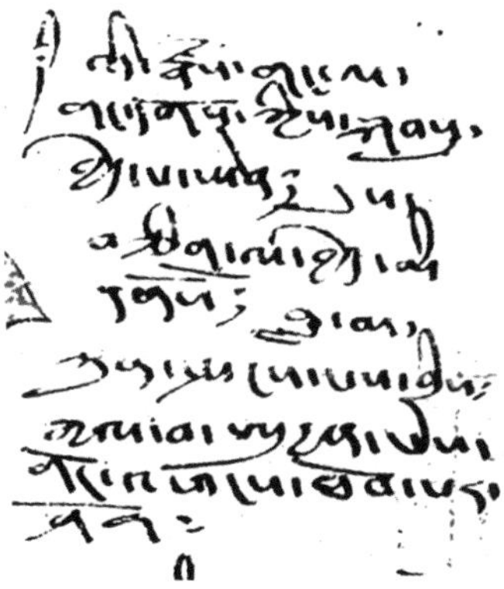

结束语

三、第三组照片

共有两张。有几个需要我们研究的问题。第一，这是什么图？应该是一套健身操图例而不是其他，如佛像素描等。为什么这样说？因为这些图的作者虽然绘画基础比较好，人物身段的比例掌握得比较准确，线条也比较清晰，但没有佩戴法器，也没有做手印，更没有穿戴佛衣佛冠，所以说它只能是健身操或瑜伽功的示意图；第二，这是什么样的功法或瑜伽功呢？先从其布局看。只有两页，其中一页的边角上用藏文工整地写着“二”字，完全符合藏族传统经书的页码标注方式，另一页上却没有标注，说明这是一页纸的正反两面；每页有 6 幅示意图，共计 12 幅图。每一幅图的上方用藏文数码写着顺序号，虽然顺序是颠倒的，但前后连贯。也就是说，标明第二叶即正面页的图例中，第一个图例的顺序号是第 18 号，即最后一个顺序号，而背面页的最后一幅图则是 7 号。为什么倒着编号？在本书“复杂健身操”一节中有这样一段说明：本健身操可以按顺序做，也可以倒序做，也可以错序做，错序做就是做完第一节，接着做最后一节，然后做第二节，再做倒数第二节，如此前后交叉，等等。十分明显，这里的编号方式是倒序的。根据现有图例的布局、页数和顺序号我们可以断定，本叶是整套功法的第二页；如此，则按照藏文长条书的版式，第一页应该是标有书名的封面，它的背面正文，应该有六张图，即编号19、20、21、22、23、24。这样，该健身图例所描述的动作至少应有24节（当然也可以设想连封面都是图案，这样可能会出现总编号为30个即30个健身操示意图）。同样，按上述办法推论，现有图例的编号中缺失1-6号，应该是本书最后一页的六张图。由此可以得出结论：这是一本只有三页纸的健身操图；图例也只有24节或30节。第三，从坐式和姿势看这一功法的基本特征。我们从图案本身看，第一幅图例即编号7为立式，像是简易操的腿部运动——踢臀式，但双手叉腰；其余均为坐式。而坐式又全部为莲花坐式，而不是金刚盘腿，我在本书"预备式按摩操"中介绍过，金刚盘腿就是左内右外的盘腿坐式；从手势看，整个图案中没有一幅是握拳的，手掌全部都是撑开的；除立式的外，其余全部动作简单，没有剧烈的运动或高难度动作，甚至有些还看不出他在做什么动作。第四，根据以上情形，对照现有健身操和其他运动方式，我们看到如下情形：1.这组图案虽然在个别地方像简易操，如第7号立式图像。但从手势看，不同于简易操，且简易操只有12节，本组功法至少有24节；2.这套功法与布敦·仁钦珠的按摩疗法有许多相似之处，如按摩疗法共计24节，同本功法的节数相近。按摩疗法没有坐式的说明，与本功法大致相仿；二者不少姿势和手势也几乎完全一致，甚至部分顺序号都可以对应。如从第八图开始，不少动作似乎与按摩疗法相一致。但是按摩疗法没有立式的功法，所以也只好排除按摩疗法。3.我们在同其他功法比较时发现，本功法中的第7号立式者同布敦的全身运动第四段下行风的第 1 节完全相同，其余也有许多相同之处，如上行风 5 节：转动头部、拉动头部、晃动头部、点点头、摇摆头；持命风 5 节：转动上身、扭上身、盘坐如山倒、灌满全身、靠背后；平等风 5 节：腹部摇动、撑膝、抖腹、贴后背、蓄金；下行风 5 节：双脚向下抖动、身上下抖动、站立伸缩、躺着伸缩、跳跃前进；遍行风 5 节：脚向左右飞舞、前后飞舞、手臂下垂伸直、猛力甩手、抛掷风之套索；全身共 14 节。但是，布敦的全身运动号称有 83 节，实际有 39 节，这一节数与我们在上面分析的本功法最多只有 30 节的看法不同。所以，我们只好留待专家学者的进一步研究。

下面是分解图例：

编号 7

编号 7：09 全身运动第四下行风第 4 节?

编号 8

编号 8：07 按摩疗法第 8 节按摩眉间?

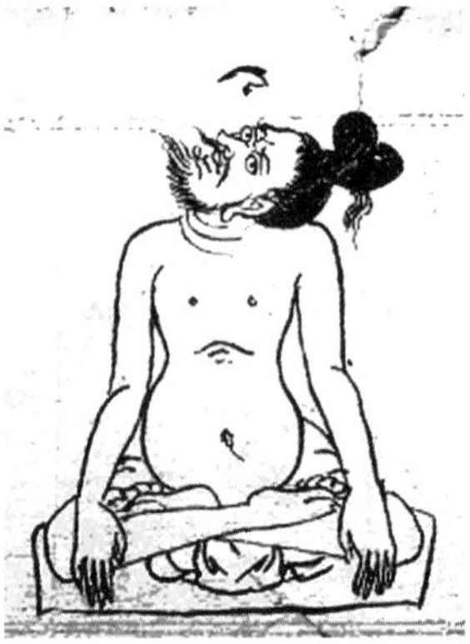

编号 9

编号 9：07 按摩疗法第 9 节左右摇头或按摩疗法第 15 节?

编号 10

编号 10：运动疗法第 8 节？或复杂健身操的第 5 节如同挽弓？

编号 11

编号 11：与第二组照片的大力士吹气相仿或 07 按摩疗法第 7 节按摩后脑勺？

编号 12

编号 12：07 按摩疗法第 12 节按摩乳房?

编号 13

编号 13：瑜伽 32 节的第 8 节赞姆扎或 07 按摩疗法第 11 节按摩腋窝下?

编号 14

编号 14：07 按摩疗法第 16 节抖动胸部。

编号 15

编号 15：07 按摩疗法第 15 节转动脖子或 32 节瑜伽功第 14 节？

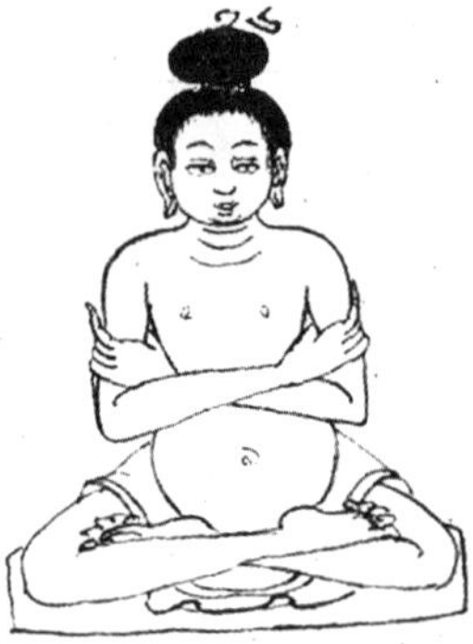

编号 16

编号 16：存疑。

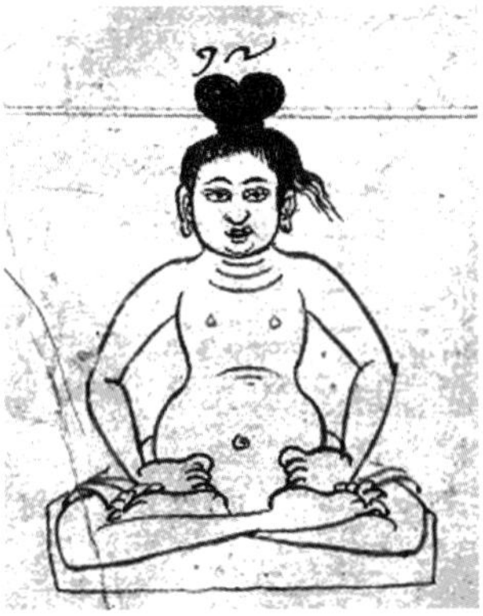

编号 17

编号 17：运动疗法第 12 节或 07 按摩疗法第 13 节转动肚脐?

编号 18

编号 18：玛尔巴二十一节运动第 7 节或第 9 节？这三组照片虽然不完整，但我们可以肯定地说，藏族传统健身方法丰富多彩、历史久远，是藏族传统文化的重要组成部分之一。需要我们进一步发掘、整理和弘扬，使其更好地为人类的健康和长寿服务。

图书在版编目(CIP)数据

藏式健身宝卷：藏族传统健身法集成 / 拉巴平措著 . —北京：中国藏学出版社，2020.1
ISBN 978-7-5211-0209-3
Ⅰ . ①藏… Ⅱ . ①拉… Ⅲ . ①藏族 – 健身运动 Ⅳ . ① G852

中国版本图书馆 CIP 数据核字（2020）第 079975 号

藏式健身宝卷：藏族传统健身法集成 拉巴平措 著

责任编辑 毕 华
封面设计 翟跃飞
出版发行 中国藏学出版社
印 刷 北京市隆昌伟业印刷有限公司
版 次 2020 年 6 月第 1 版第 1 次印刷
开 本 787 毫米 ×1092 毫米 1/16
印 张 17.25
字 数 190 千字
印 数 5000 册
定 价 68.00 元
书 号 ISBN 978-7-5211-0209-3 / G・82

图书如有印装质量问题 请与本社发行部联系
E-mail: dfhw64892902@126.com 电话: 010-64892902